René Lucio/Jan Spütz

Papier-

flieger

Ravensburger Ratgeber
im Urania Verlag

Inhalt

Vorsicht Ansteckungsgefahr!

Papierflieger – fast jeder hat sie schon einmal in Schulstunden verbotenerweise Richtung Lehrer geworfen, hat sie in langweiligen Konferenzen heimlich aus Unterlagen gefaltet oder mit ihnen seine Gedanken auf Reisen geschickt und sich dabei wie Ikarus gefühlt. Doch Papierflieger sind mehr als nur ein Kinderspiel oder ein Pausenfüller, sie können sich zu einer wahren Leidenschaft entwickeln.

Die beiden Designer und Autoren dieses Buches, Jan Spütz und René Lucio, sind seit längerem bereits von dem Fieber der Flugleidenschaft befallen und haben schon viele Menschen zu diesem Hobby geführt. Nun sollen auch Sie angesteckt werden!

Dieses Buch enthält 19 Papierflugzeuge unterschiedlichster Bauweise. Die Vielfalt der Papierflieger ist ungeheuer groß. Da gibt es Wurfgleiter, Kreisflügler, Segler, Kunstflieger, Jets, Doppeldecker und Modelle, die wie ein Bumerang wieder zurückkehren. Von kinderleicht bis knifflig – hier findet jeder sein ganz spezielles Flugmodell. Sie können die Modelle auch variieren, mit ihnen experimentieren und so ganz neue Flieger konstruieren.

Präzision bei der Herstellung und ein sorgfältiges Einfliegen sind bei allen Fliegern vonnöten. Nur eine perfekte Faltung garantiert einen perfekten Flug. Deshalb bekommen Sie zu jedem Modell spezielle Anweisungen zum Falten, ebenso zum Werfen und Einfliegen.

Um zu gewährleisten, dass ihre Konstruktionen aus Papier lange Zeit gut fliegen, sollten sie sorgsam aufbewahrt werden. Auch hierzu finden Sie einige Ratschläge.

Vom Papierflieger zum Airbus ist der Weg gar nicht so weit

Papierflieger sind hilfreiche Modelle für Physik-Professoren, NASA-Berater und Flugzeugingenieure in aller Welt, wenn es um Flugfähigkeit und Flugstabilität geht. Selbst Luftfahrtpioniere wie Otto Lilienthal oder die Gebrüder Wright haben mit Modellen aus Papier angefangen, bevor sie dann zum eigentlichen Flugzeug übergingen. Vor ihnen experimentierte bereits Leonardo da Vinci anhand von eigenen Modellen mit Luftwiderstand und Auftrieb.

Der erste historisch dokumentierte Papierflieger schwebte im Jahr 1809 durch die Klosterschule zu Roßleben in Thüringen. Der Mathematiklehrer August Wilhelm Zachariae, ein Pionier der Luftfahrt, hatte dieses Fallzeug aus Papier, das als „Fliegendes Blatt" bekannt wurde, gebaut. Es sieht mit seinen drei hochgefalteten Kanten ein bisschen aus wie eine Kehrrichtschaufel ohne Griff, doch richtig ausbalanciert und in die Luft gesetzt, trotzt auch dieser Flieger der Schwerkraft.

Die Papierflugzeug-Konstrukteure waren ihrer Zeit meist eine kleine Rumpflänge voraus. Als zu Beginn der 70er Jahre die Concorde die Schallmauer durchbrach, gab es die für die Concorde typischen dreieckigen Deltaflügel bei den Papierfliegern schon längst. Bereits 1921 hatte ein Unbekannter das Grundmodell entwickelt, das neun Jahre später um ein Seitenruder und die krumme Nase ergänzt wurde.

Die Klassiker – Faltflieger

Sorgfalt ist das A und O beim Falten von Papierfliegern. Denn nur ein völlig symmetrischer Flieger liegt perfekt in der Luft und kann die Erwartungen erfüllen, die an ihn gestellt werden.

Am besten eignet sich Schreibmaschinen- oder Fotokopierpapier zum Falten. Sie können aber ebenso Ton- oder Zeichenblockpapier verwenden. Bei anderen Papierarten oder sogar Folien muss man einfach ausprobieren, ob sie die richtige Spannung und Festigkeit besitzen und sich entsprechend falten lassen. Je nach verwendetem Material können sich Gewicht und Struktur verändern. Dadurch kann ein und dasselbe

Modell aus verschiedenen Papierarten völlig andere Flugeigenschaften besitzen. Auch Bemalungen oder Aufschriften können das Flugverhalten verändern. Probieren Sie es einfach einmal.

Besonders bei langen Faltungen kann man leichter und genauer falten, wenn man die Linie entlang eines Lineals leicht vorrillt. Nehmen Sie dazu einen Kugelschreiber, einen harten Bleistift oder eine dünne Stricknadel. Anschließend die Falzlinien mit dem Fingernagel nachziehen.

Flügel und Höhenruder müssen besonders sorgfältig gefaltet werden. Sie sollten sie aber nicht zu scharf knicken, damit der Falz nicht lahm wird und nach unten hängt.

Wenn man den zweiten Flügel und das zweite Höhenruder faltet, kann man durch Aufeinanderlegen kontrollieren, ob das Ganze auch genau symmetrisch ist.

Sollte sich ein Flügel wellen, legt man das Modell am besten flach auf den Tisch und ritzt den Flügel mit dem Fingernagel leicht ein.

Ist der Flieger fertig, halten Sie ihn vor Ihre Nase und inspizieren Sie ihn genau von beiden Seiten. Dabei lassen sich grobe Fehler erkennen, die man auch im Nachhinein noch korrigieren kann. Oft sind die beiden Flügel nicht ganz parallel oder der Rumpf ist etwas krumm. Beides kann leicht behoben werden.

Lesen Sie den Text, bevor Sie falten oder basteln, zuletzt sollten Sie Ihr Modell sorgfältig einfliegen.

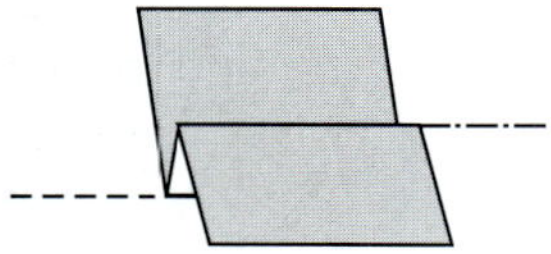
Bergfalte/Talfalte

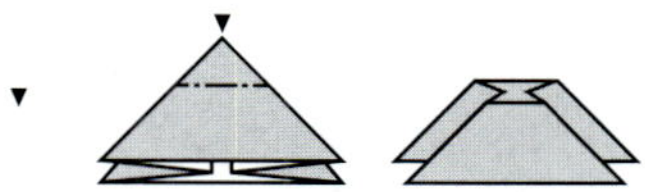
versenken

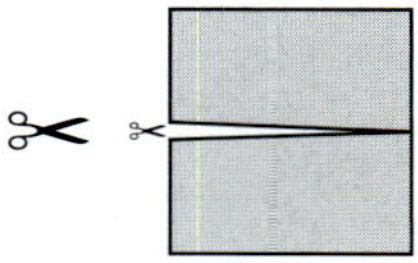
abschneiden

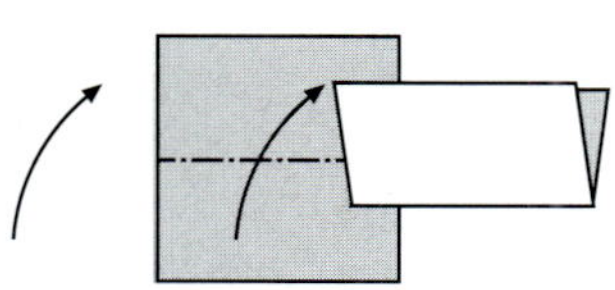
in Pfeilrichtung falten

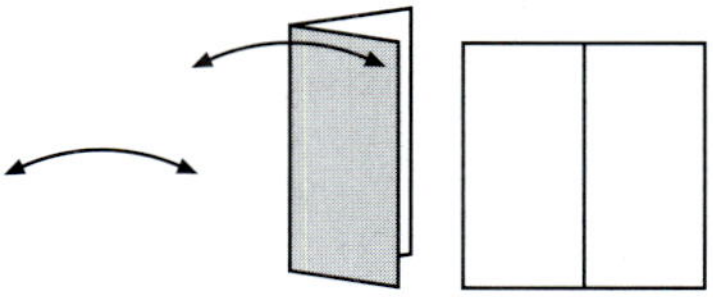
falten und wieder entfalten

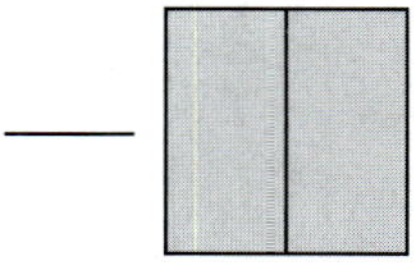
vorhandene Falte

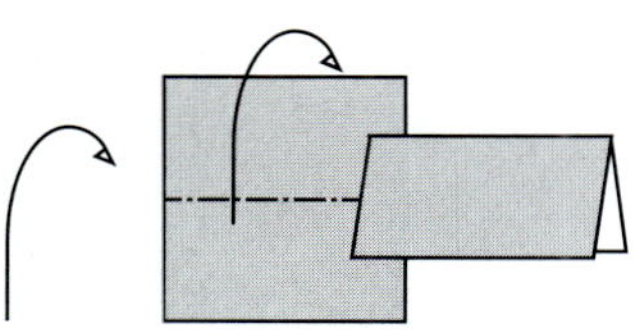
in Pfeilrichtung nach hinten falten

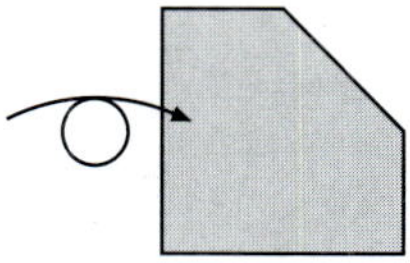
Figur wenden

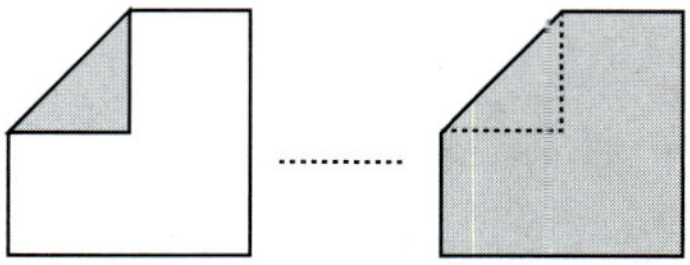
durch die Oberfläche gesehen

Aerodynamik oder das Gesetz der Schwerkraft

Das Falten eines guten Papierfliegers
ist ebenso eine Kunst
wie die Konstruktion
eines Flugzeuges aus Metall.

Conrado Dornier,
Enkel des berühmten Flugzeug-
konstrukteurs Claude Dornier

Warum die Papierflugzeuge in den Schulen so unbeliebt sind, ist fast unverständlich: Sie eignen sich nämlich hervorragend für den Physikunterricht. Mit einfachen Mitteln und ohne große Vorkenntnisse können anhand der Flieger naturwissenschaftliche Lehren in wenigen Sekunden bewiesen werden.

Auftrieb, Luftwiderstand und Schubkraft
Für Papierflieger gelten die gleichen naturwissenschaftlichen Gesetze wie für richtige Flugzeuge, was Schwerkraft, Auftrieb, Luftwiderstand und Schubkraft angeht. Das Papierflugzeug kann nur dann sauber gleiten, wenn diese Kräfte in einem ausgewogenen Verhältnis zueinander stehen.
Den Schub, der bei Flugzeugen durch einen Propeller oder ein Düsentriebwerk erzeugt wird, gibt beim Papierflieger der Arm des Werfers in Verbindung mit der Schwerkraft. Durch einen kräftigen Anstoß erhält der Flieger seine Anfangsgeschwindigkeit, danach gleitet er, von der Schwerkraft angezogen, langsam nach unten. Der Luftwiderstand bremst den Flieger in seiner Bewegung. Am besten wirft man seinen Papierflieger im Winkel von etwa 11 Grad nach unten, sodass sich Schwerkraft und Luftwiderstand ausgleichen und das Flugzeug nur minimal abgebremst wird. Gekrümmte Prototypen bringen es auf beachtliche Flugweiten. Auch hierfür gibt es eine einfache physikalische Erklärung: Die Luft strömt stärker über die Oberseite der Tragflächen und erzeugt damit einen Unterdruck, der das Flugzeug nach oben saugt und beschleunigt. Dies wiederum verstärkt den Auftrieb.
Der Schweizer Wissenschaftler Daniel Bernoulli hat daraus im 18. Jahrhundert ein physikalisches Gesetz abgeleitet: Zwingt ein Flügel die umströmende Luft zu ungleich langen Wegen auf Ober- und Unterseite, so entsteht auf dem verkürzten Weg ein Überdruck und auf dem verlängerten Weg ein Unterdruck. Druck und Sog addieren sich etwa im Verhältnis 1:2 zum Auftrieb.

Auf geht's zur Fluglizenz!

Wenn Sie Freude am Fliegen aus erster und eigener Hand erleben wollen, bietet der Flug eines selbst gebauten Modells die aufregendste Gelegenheit.

Dr. Yasuaki Ninomiya, Fachautor für Papierflugzeuge

Melden Sie sich nicht gleich zum nächsten Papierflieger-Wettbewerb an, nachdem Sie Ihr erstes Modell gebaut haben. Auch das richtige Werfen muss man zunächst üben.

Es ist zwar noch kein Meister vom Himmel gefallen, aber schon so manches papierene Luftschiff!

Start- und Flugtechnik sind im Wesentlichen bei allen Minifliegern gleich. Halten Sie den Papierflieger nicht direkt vor Ihre Nase, wie Sie es beispielsweise von Dartpfeilen kennen, sondern etwas seitlich und werfen Sie ihn mit leicht angewinkeltem Ellenbogen.

Die Wurfbewegung muss harmonisch ablaufen. Machen Sie keine abrupten Bewegungen und werfen Sie mit dem ganzen Arm. Dabei folgt die Hand einer unsichtbaren Schiene. Nach dem Loslassen, ziehen Sie weiter durch.

Die reinen Faltflieger wirft man mit etwas mehr Kraft, während die Wurfgleiter mit einer weichen Handbewegung in die Luft geschoben werden.

Wurftechniken

Ein idealer Gleitflug zeichnet sich dadurch aus, dass sich der Flieger vom Start bis zur Landung recht gleichmäßig und in der gleichen Fluglage vorwärts bewegt. Wenn die Flugbahn etwas durchhängt, ergibt das eine schöne Landung.

Jeder Flieger ist anders. Einige sind eher für lange und gerade Flüge konstruiert, andere sind zu akrobatischen Kunststücken fähig. Manche kommen sogar wie ein Bumerang zum Startpunkt zurück.

Das Wichtigste bei der Papierflieger-Konstruktion ist natürlich das präzise Falten. Um jedoch wirklich optimale Flugeigenschaften zu erhalten, müssen die Flieger außerdem richtig eingestellt werden. Im Fachjargon spricht man von „trimmen". Ein Flieger kann noch so gut gefaltet sein, ist er nicht richtig getrimmt, kann er nicht die maximale Leistung erreichen.

Erzielen Sie beim ersten Probeflug nicht auf Anhieb das gewünschte Resultat, dann geben Sie nicht gleich auf, sondern suchen Sie nach dem Problem. So mancher vermeintliche Versager unter den Papierfliegern brachte es durch die nachfolgend aufgezeigten Kniffe noch zu prima Flügen.

Das Trimmen der Flieger

Zum Trimmen der Papierflieger sollte man sich einen Raum oder eine stille Ecke im Freien suchen. Starts aus dem Fenster sind für diesen Zweck sinnlos, denn die Luftwirbel an der Hauswand verfälschen das Flugverhalten gänzlich.

Kontrollieren Sie vor jedem Flug Tragflächen und Seitenruder. Sie sollten exakt waagerecht oder im jeweils gleichen Winkel aufgerichtet sein. Je größer die Tragflächen, desto länger bleibt ein Flieger in der Luft und desto langsamer ist der Flug. Voraussetzung hierfür ist jedoch, dass der Flieger nicht durch Ruder etc. beeinflusst wird.

Sinkt der Papierflieger zu schnell ab, dann müssen, wie bei einem richtigen Flugzeug, die Höhenruder verstellt werden. Dazu sollte man an den Hinterkanten der Tragflächen kleine Steuerklappen, so genannte Trimmklappen, einschneiden und diese entweder nach oben oder nach unten klappen. Solche Höhenruder können sehr schmal sein.

Bewegt sich das Flugzeug bogenförmig aufwärts und stürzt dann ab, ist es zu schwanzlastig und hat zu viel Auftrieb. Bei den Faltfliegern sollten Sie die Trimmklappen an der Hinterkante in solchen Fällen leicht nach unten biegen. Sie können aber auch die Flugzeugspitze, den so genannten Bug, einschlagen, um das Vorderteil zu beschweren und auszubalancieren. Daher kommt auch der Name Bugfalte.

Bei den Wurfgleitern kann man entweder das Höhenleitwerk nach unten biegen oder durch Ballast das Trimmgewicht erhöhen. Hier hilft beispielsweise eine Büroklammer oder eine Pappeinlage an der Fliegernase.

Taucht der Flieger kopfüber ab, ist er zu kopflastig, d. h. vorne zu schwer. Biegen Sie bei den Faltfliegern die Trimmklappen, bei den Wurfgleitern das Höhenleitwerk nach oben oder probieren Sie ein kleineres Trimmgewicht aus.

Verstellt man die Höhenruder wechselseitig, biegt also eine Trimmklappe nach oben und eine nach unten, kann der Flieger Kurven fliegen. Die Kurven werden umso enger, je größer die Klappen sind. Stellt man die Höhen- oder Seitenruder nach links ein und winkelt den Flieger beim Abwurf nach rechts ab, fliegt er S-Kurven.

Dreht der Flieger Loopings, bevor er abstürzt, dann liegt mit Sicherheit ein grundlegender Fehler vor. Wahrscheinlich ist das Modell falsch gebaut und asymmetrisch vertrimmt. Die Flügelspitzen könnten zu weit über dem Rumpf liegen. Den Fehler zu suchen und das Modell gerade zu biegen macht mehr Arbeit, als es sorgfältiger noch einmal neu zu bauen.

Der Fall liegt anders, wenn Sie gerade einen solchen Kunstflieger haben möchten, vielleicht für einen entsprechenden Wettbewerb. Wenn ein Flieger Loopings drehen soll, haben Sie zwei Möglichkeiten: Entweder Sie stellen die Höhenruder nach oben und werfen den Flieger mit einer runden Armbewegung kräftig von unten nach oben. (Je nach Modell sollte man ihn dabei im vorderen Viertel oder am Bug fest halten.) Oder aber Sie werfen den Flieger mit mittlerer Kraft steil nach oben.

Ist der Flieger zu schnell für Kunstflüge, kann man durch eine Bremsfalte am Heck des Rumpfes die Fluggeschwindigkeit verlangsamen.

Wenn Sie alle Tricks und Kniffe beherrschen, wird es Zeit, einen Papierfliegerwettbewerb zu veranstalten. Bewertet werden sollten Flugweite, Flugdauer und Zielgenauigkeit sowie Originalität des Modells und Präzision der Arbeit. Solche Wettbewerbe lassen sich natürlich im Freien, z. B. im Park oder auf einem Sportplatz, durchführen. Besser geeignet sind jedoch große Hallen, in denen alle Hindernisse aus dem Weg geräumt und unkontrollierbare Luftströme vermieden werden können.

Falls Sie einmal an einem größeren internationalen Papierfliegerwettbewerb teilnehmen wollen, wenden Sie sich an Origami München e.V., Postfach 221324, 80503 München. Origami München organisiert in Zusammenarbeit mit dem Deutschen Museum am ersten Sonntag im Juli alljährlich einen Papierfliegerwettbewerb in der Flugwerft Schleißheim und wird Sie über Teilnahmebedingungen etc. informieren.

Papierfliegerwettbewerbe

Wer seine Luftflotte zu Flugwettbewerben mitnehmen will, steht meist vor der schwierigen Frage des Transports. Doch auch dafür gibt es eine Lösung: Im Hangarkoffer können die Papierflieger fein säuberlich mit Wäscheklammern an zwei Leinen befestigt werden. Den Hangarkoffer können Sie bestellen bei:

„Wohnkarton“
Rosenheimerstraße 125
81667 München
Tel. 089/48 38 90, Fax 089/43 96 241

Looping

Papierformat: DIN A4, 60-80 g/qm

1. Wenn Sie den Flieger aus einseitig gemustertem Papier falten, liegt die farbige Seite hinten. Falten Sie zwei diagonale Talfalten, die wieder geöffnet werden. Im Schnittpunkt der Diagonalen eine waagerechte Bergfalte falten und wieder entfalten.
2. Durch Zusammenführen der Bergfalte zur Mitte des Fliegers entsteht im oberen Teil ein zusammengelegtes Dreieck.
3. Von der Spitze des Dreiecks (untere Lage) zur Ecke rechts unten falten. Verfahren Sie ebenso mit der Spitze zur unteren linken Ecke.
4. Die Spitze des Dreiecks im angegebenen Bereich nach hinten bergfalten. Diese Faltung kann jedoch auch entfallen. Das Foto rechts zeigt das Modell mit spitzer Nase. Wenden Sie jetzt die Figur.
5. Die linke Seite auf die rechte Seite talfalten.
6. Talfalten Sie im angegebenen Bereich. Den Faltvorgang auf der Rückseite wiederholen.

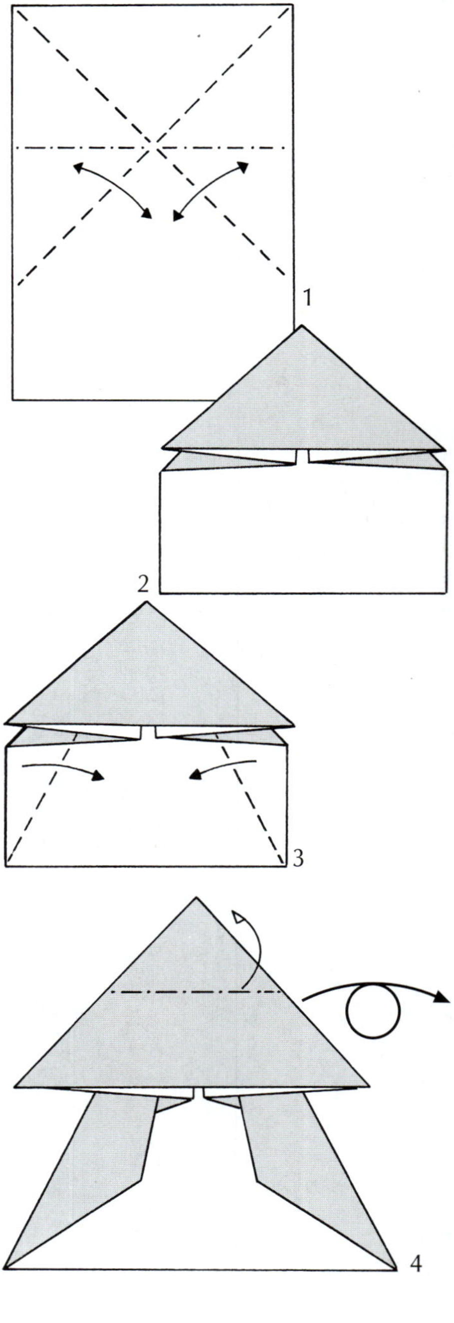

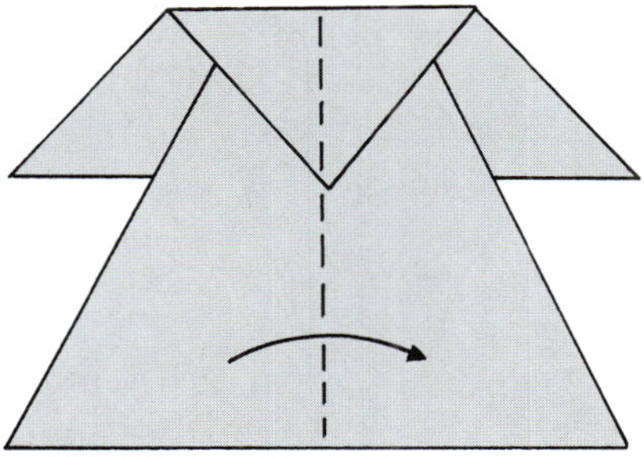

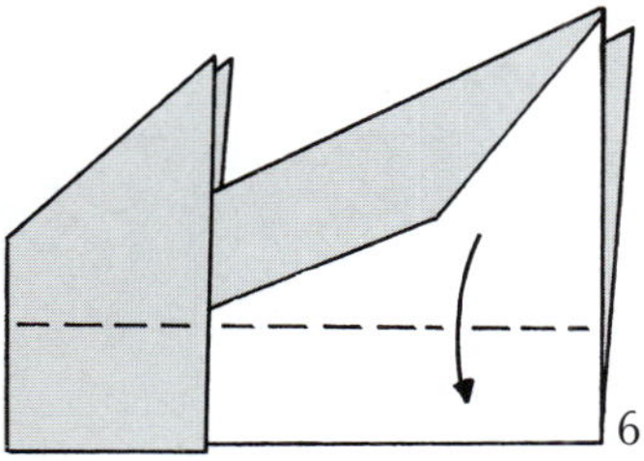

Wurftechnik:

Die hinteren Flügelspitzen leicht nach oben biegen, sodass jeweils ein leichter Bogen entsteht. Mit einer runden Armbewegung kräftig von unten nach oben oder umgekehrt abwerfen.

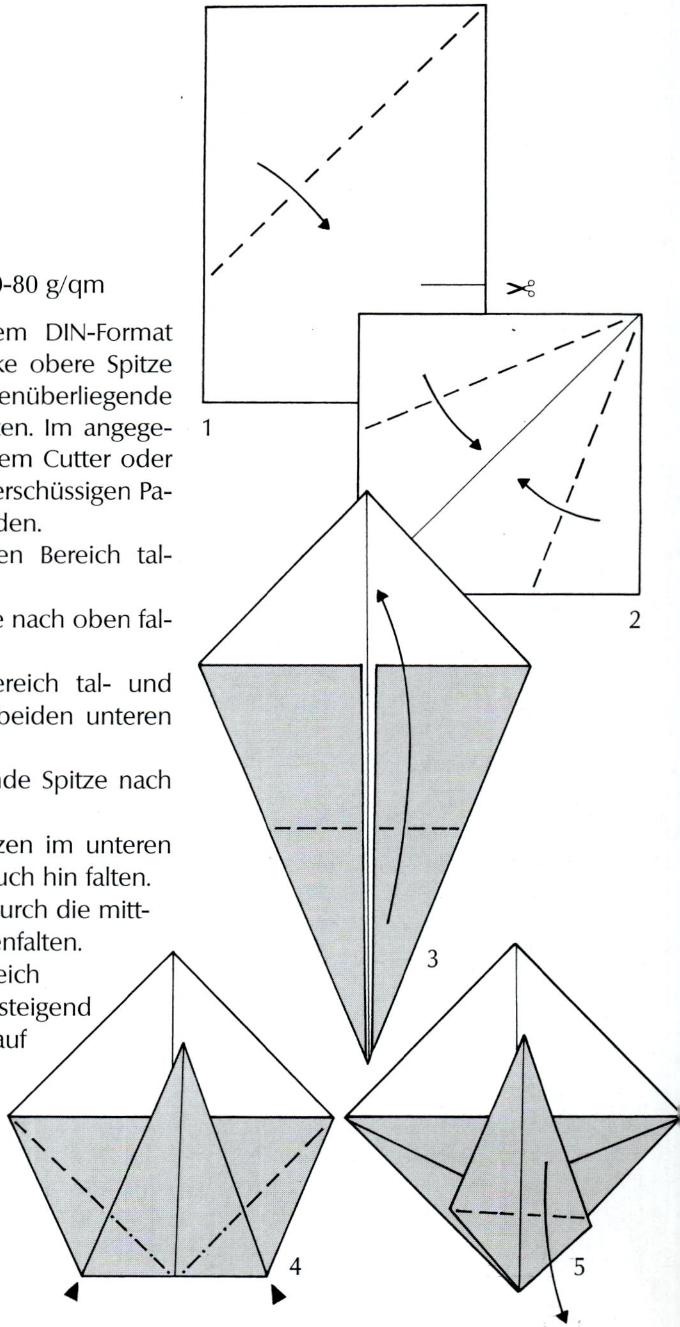

Mach 2

Papierformat: DIN A4, 60-80 g/qm

1. Wir fertigen aus dem DIN-Format ein Quadrat. Die linke obere Spitze an die seitliche gegenüberliegende senkrechte Kante falten. Im angegebenen Bereich mit dem Cutter oder einer Schere den überschüssigen Papierstreifen abschneiden.
2. Jetzt im angegebenen Bereich talfalten.
3. Nun die untere Spitze nach oben falten.
4. Im angegebenen Bereich tal- und bergfalten. Nun die beiden unteren Spitzen versenken.
5. Jetzt die oben liegende Spitze nach unten talfalten.
6. Beide seitlichen Spitzen im unteren Bereich zum Mittelbruch hin falten. Danach den Flieger durch die mittlere Talfalte zusammenfalten.
7. Im angegebenen Bereich leicht nach hinten ansteigend talfalten. Faltvorgang auf der Gegenseite wiederholen.

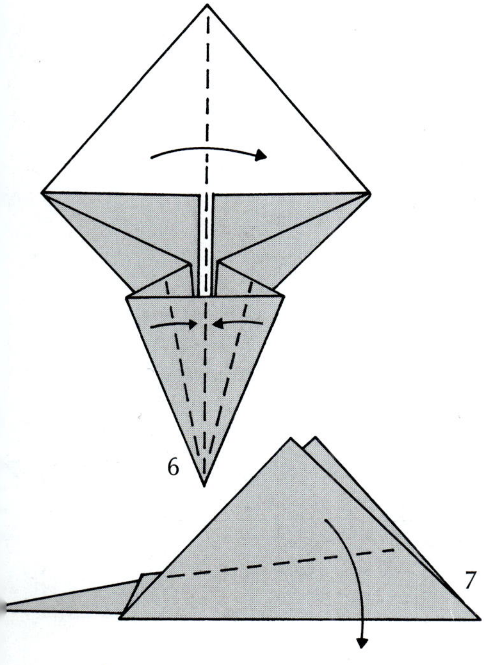

Wurftechnik:

Wenn man diese Konstruktion fliegen lässt, sollte niemand im Wege stehen. Die spitze Nase könnte Verletzungen verursachen.
Halten Sie den Flieger an der dicksten Stelle des Rumpfes und werfen Sie ihn stoßartig in Kopfhöhe geradeaus.

Phantom

Papierformat: DIN A4, 60-80 g/qm

1. Talfalten Sie das Papier in der Mitte und entfalten Sie es wieder. Die rechte Kante exakt auf die linke Kante falten.
2. Die oberen seitlichen Spitzen an den Mittelbruch talfalten. Nicht ganz gegeneinander falten, damit nicht zu viel Spannung auf dem gefalteten Papier liegt.
3. Die obere Spitze nach unten talfalten. Der Abstand zu den umgefalteten Spitzen beträgt 2 cm.
4. Erneut die beiden oberen Spitzen zum Mittelbruch talfalten, wieder mit kleinem Abstand voneinander.
5. Das kleine Dreieck über die beiden Dreiecke nach oben falten. Die seitlichen Kanten des Dreiecks nach hinten aufeinander bergfalten.
   Den Flieger in Position 6 drehen.
6. Talfalte von der Spitze zur hinteren Kante. Die Falte endet ca. 3 cm unterhalb der rechten Ecke. Auch hinten exakt falten.

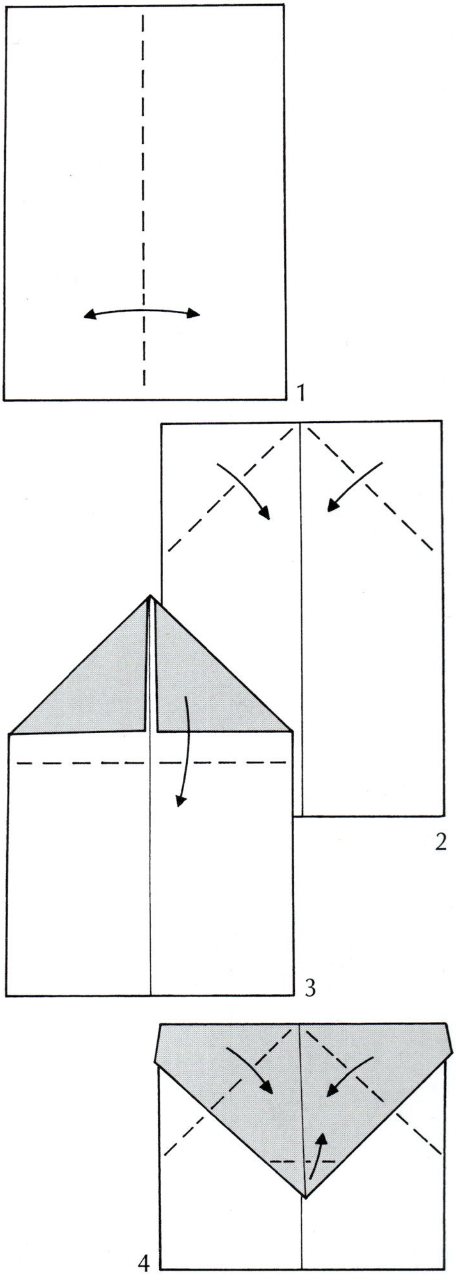

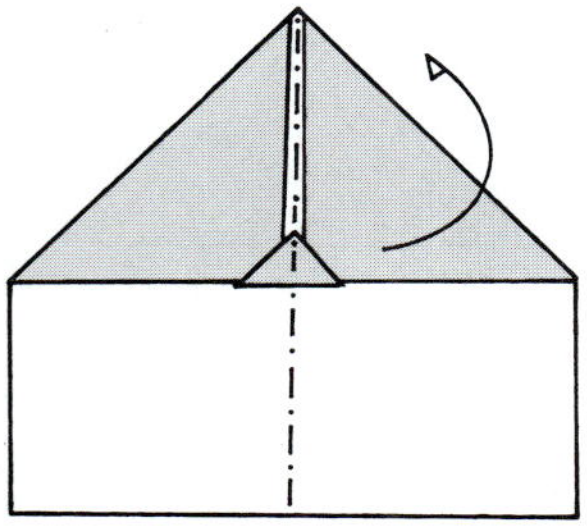

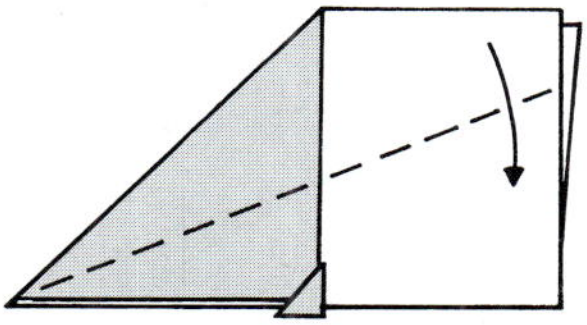

Wurftechnik:

Lassen Sie den Flieger mit wenig Schwung in waagerechter Lage fliegen. Wirft man ihn hoch, wird er seitlich abstürzen und sich dann wieder stabilisieren.

Wenn Sie die Ränder der Flügel etwas nach oben biegen, verbessern Sie die Stabilität.

Shuttle

Papierformat: DIN A4, 60-80 g/qm

1. Bei gemusterten Papieren liegt die bunte Seite hinten. Seitliche Kante auf seitliche Kante talfalten und wieder öffnen.
2. Nun die oberen seitlichen Spitzen an den Mittelbruch falten. Nicht genau gegeneinander falten.
3. Die obere Spitze nach unten talfalten.
4. Die seitlichen Spitzen erneut zur Mitte talfalten.
5. Im Abstand von 1,5 cm von der oberen Kante nach hinten bergfalten. Nun Flieger in der Mitte talfalten. Dabei müssen die Flügel exakt aufeinander liegen.
6. Flügel nach außen talfalten.

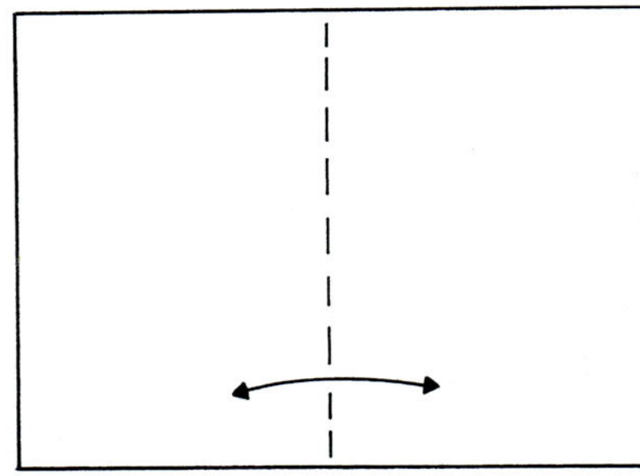
1

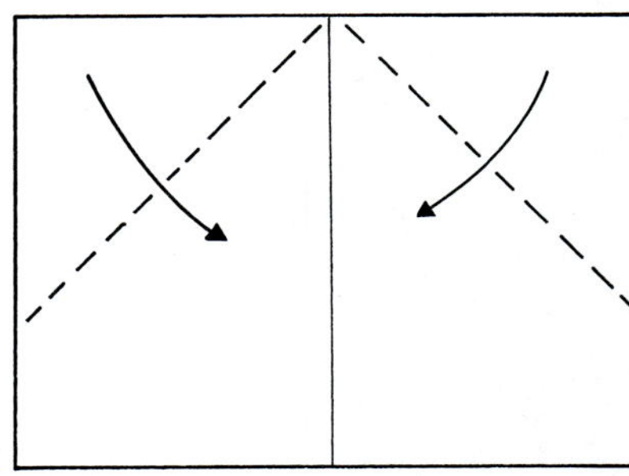
2

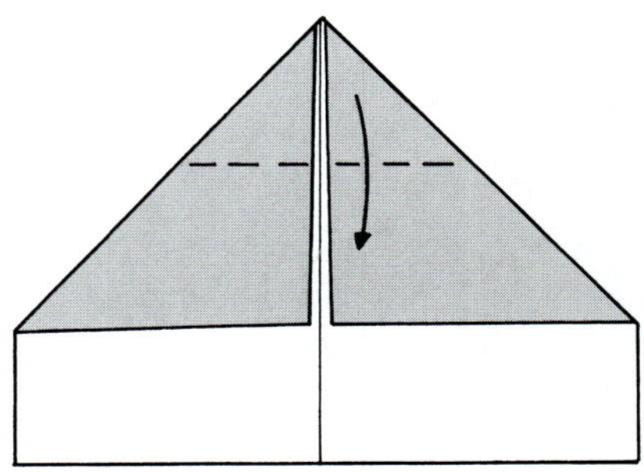
3

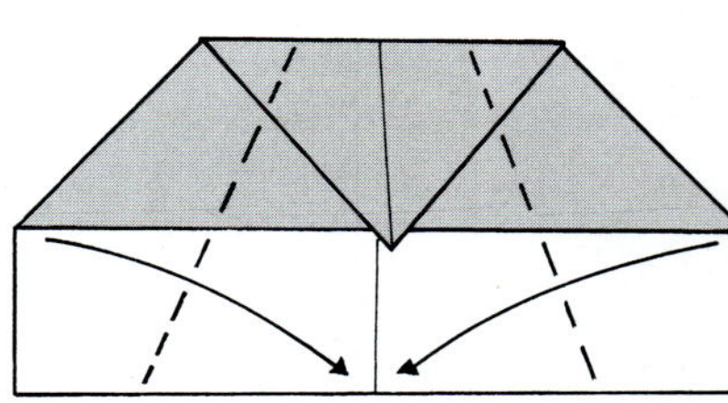
4

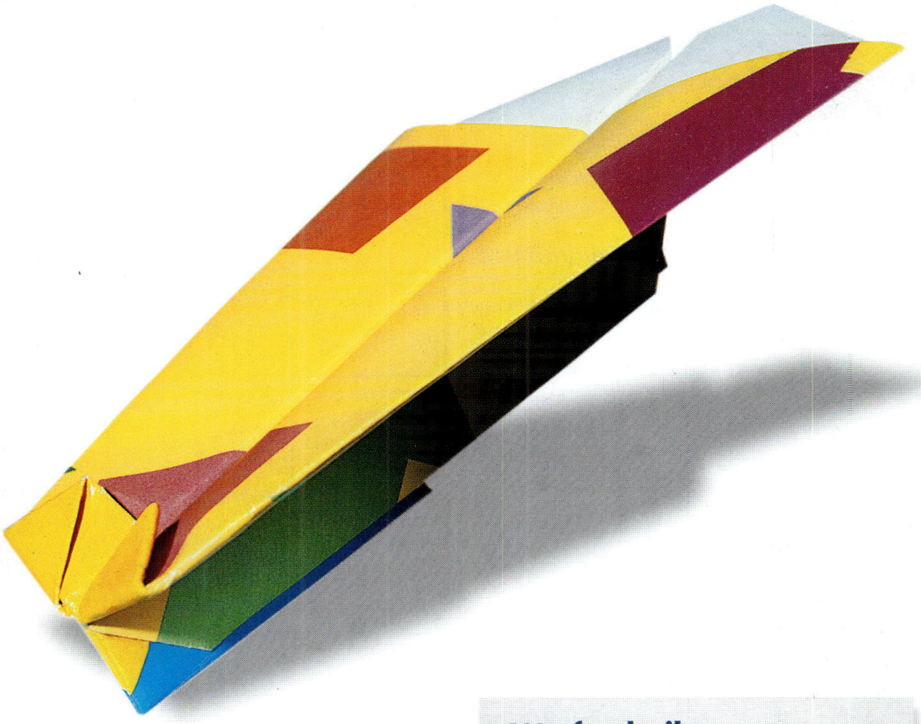

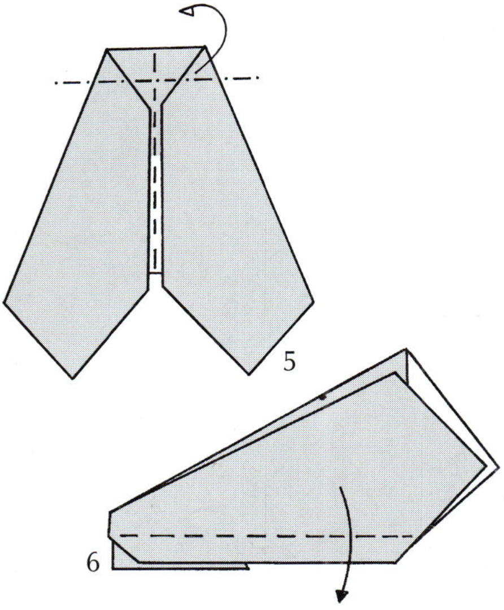

Wurftechnik:

Halten Sie den Flieger im vorderen Bereich. Man kann ihn mit so viel Schwung starten, wie man mag. Durch leichtes Hochstellen eines Seitenruders wird er zum idealen Kurvenflieger.

Mirage

Papierformat: DIN A4, 60-80 g/qm

1. Bei gemusterten Papieren liegt die Farbe hinten. Die seitlichen Kanten aufeinander talfalten und wieder entfalten. Nun die oberen seitlichen Spitzen zur Mitte falten. Achten Sie darauf, dass Sie die Spitzen nicht zu eng aneinander falten.
2. Die obere Spitze im angegebenen Bereich nach hinten bergfalten.
3. Beide oberen Spitzen erneut zum Mittelbruch falten.
4. Unser Flieger sieht jetzt so aus. Wir wenden nun die Konstruktion.
5. Seitliche Kante exakt auf die seitliche Kante gegenüber talfalten.
6. Berg- und talfalten im angegebenen Bereich. Die untere rechte Spitze nun nach innen versenken.

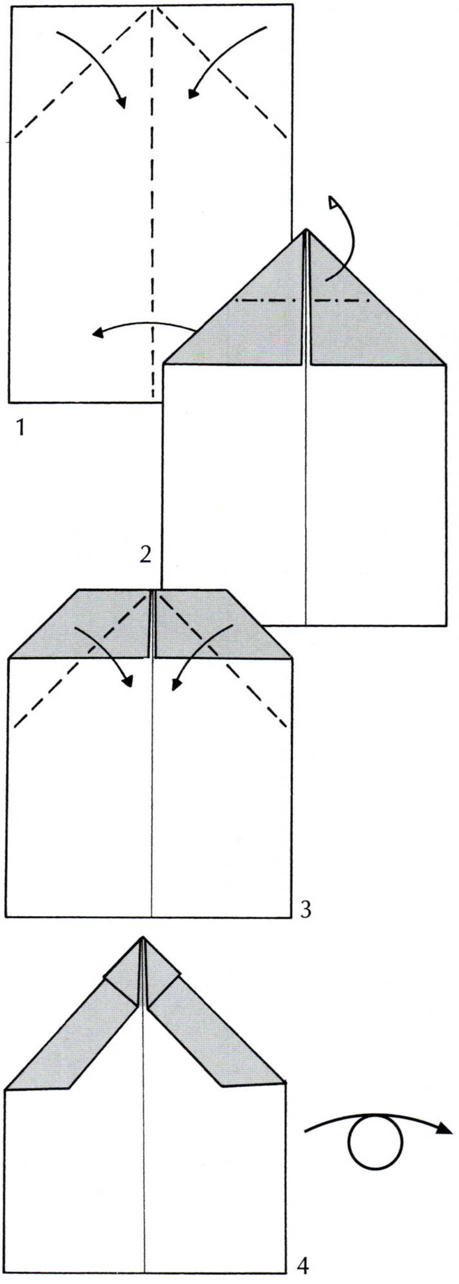

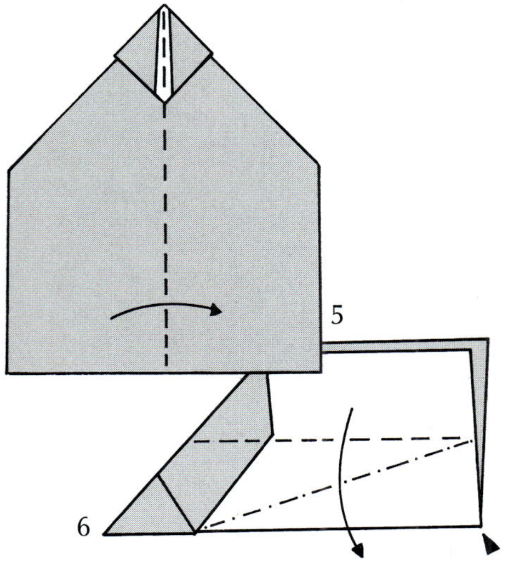

Wurftechnik:

Werfen Sie den Flieger im 45°-Winkel nach oben. Wünschen Sie einen Segler, sollten Sie ihn jedoch sanft und waagerecht abwerfen.

Harrier

Papierformat: DIN A4, 60-80 g/qm

1. Bei gemusterten Papieren liegt die Farbe hinten. Die seitlichen Kanten aufeinander talfalten und wieder entfalten. Nun die oberen seitlichen Spitzen zur Mitte falten.
   Achten Sie darauf, dass Sie die Spitzen nicht zu eng aneinander falten.
2. Die obere Spitze im angegebenen Bereich nach vorne talfalten.
3. Beide oberen Spitzen erneut zum Mittelbruch falten.
4. Das kleine mittlere Dreieck nach oben falten. Wir wenden nun die Konstruktion.
5. Seitliche Kante exakt auf die seitliche Kante gegenüber talfalten.
6. Talfalte im angegebenen Bereich. Auch hinten talfalten.

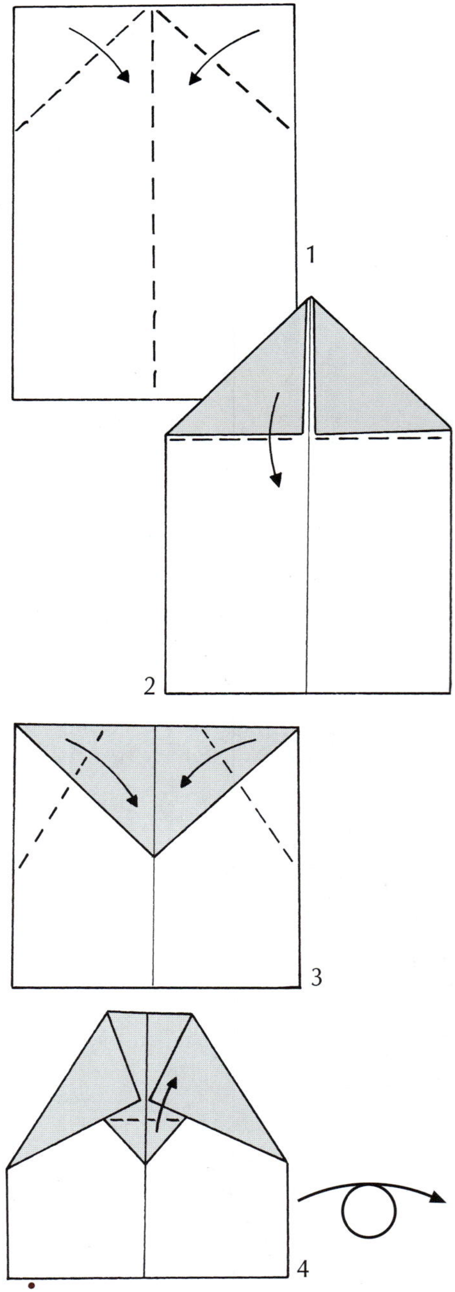

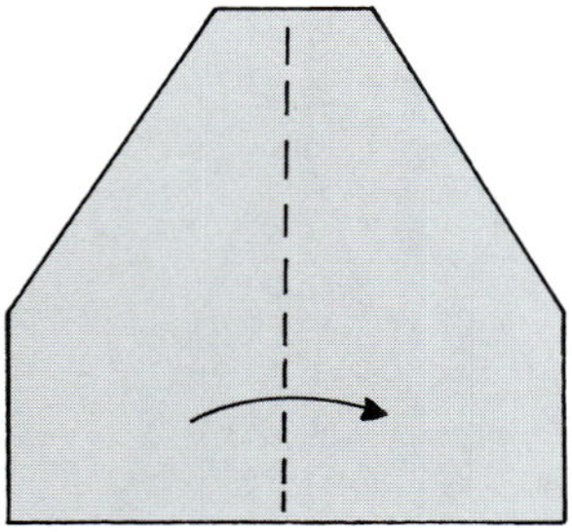

5

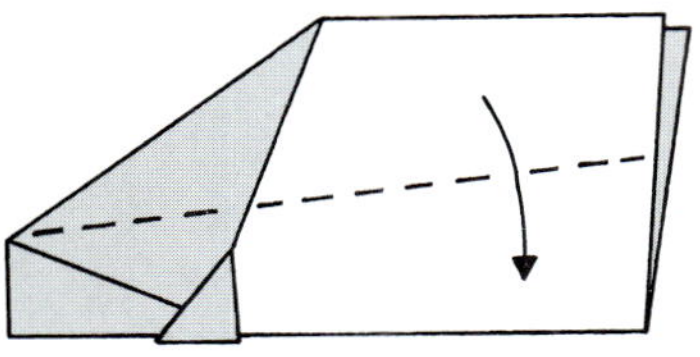

6

Wurftechnik:

Experimentieren Sie mit den Flug- und Wurftechniken, die am Anfang des Buches erklärt werden. Durch leichtes Abknicken der Höhenruder kann der Flieger beispielsweise Kurven fliegen.

Concorde

Papierformat: DIN A4, 60-80 g/qm

1. Die seitliche Kante an die gegenüberliegende seitliche Kante falten und wieder entfalten.
2. Die beiden seitlichen oberen Spitzen zur Mitte falten.
3. Jetzt die beiden neu entstandenen seitlichen Spitzen zur Mitte falten.
4. Die Talfalte im mittleren Bereich falten.
5. Eine Bergfalte im angegebenen Bereich ermöglicht das Versenken der rechten äußeren Spitze.
6. Unsere Concorde sieht jetzt so aus. Nun talfalten wir die beiden Flügel im angegebenen Bereich.

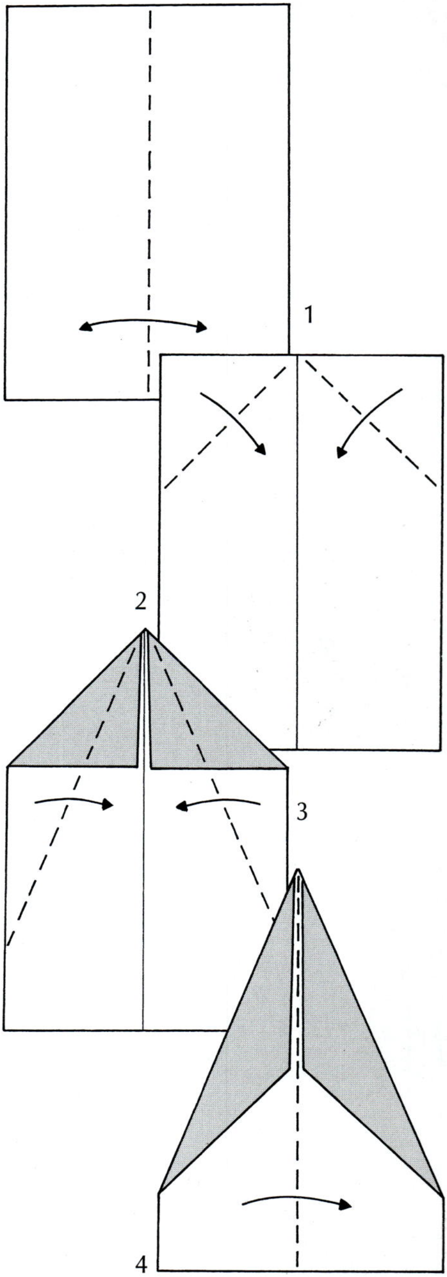

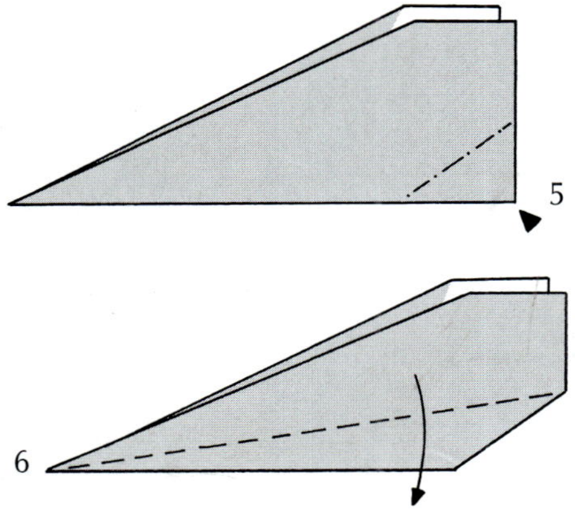

Wurftechnik:

Hierbei dürfte es sich um den wahrscheinlich gebräuchlichsten Flieger handeln.
Er lässt sich schnell falten und erreicht eine hohe Geschwindigkeit und Weite. Dieser Flieger muss kräftig abgeworfen werden.

Sky Cruiser

Papierformat: DIN A4, 60-80 g/qm

1. Die seitliche Kante auf die gegenüberliegende Kante talfalten und wieder entfalten.
2. Eine Berg- und zwei Talfalten im angegebenen Bereich falten und wieder entfalten.
3. Durch Zusammenführen der Bergfalte zur Mitte des Fliegers entsteht im oberen Teil ein zusammengelegtes Dreieck.
4. Unsere Konstruktion sieht jetzt so aus. Beide seitlichen Spitzen an die obere Mitte falten.
5. Die beiden vorderen und die hintere obere Spitze nach unten falten. Jetzt den Flieger in der Mitte talfalten.
6. Die Talfalten im angegebenen Bereich herstellen.

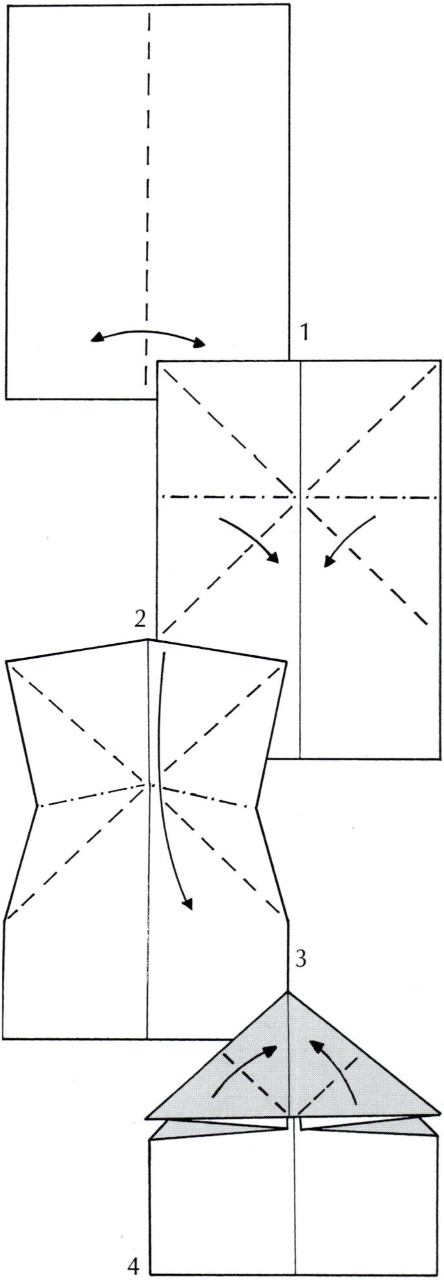

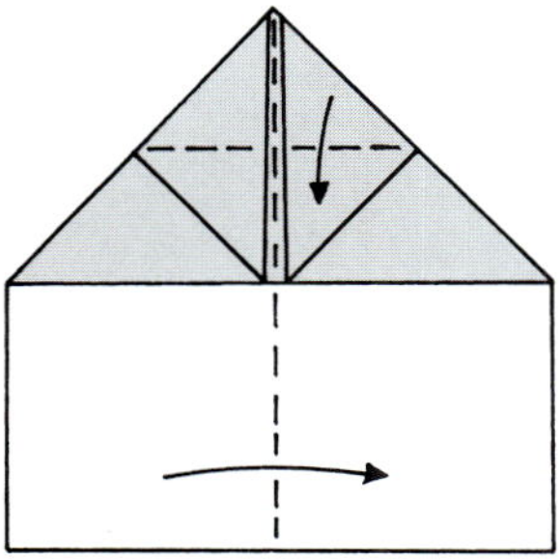

5

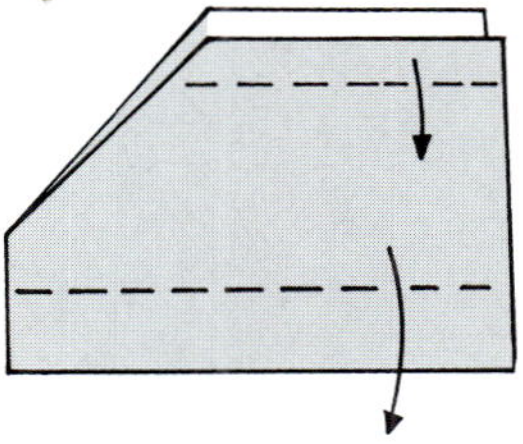

6

Wurftechnik:

Vor Ihnen liegt ein stabiler Segler. Sie können ihn ganz normal fliegen lassen.

Man hat die Möglichkeit, die Stellung der Flügel und die Startgeschwindigkeit zu variieren und damit die Flugeigenschaften zu verbessern. Hier empfehlen sich beispielsweise Einschnitte für Höhenruder.

Caravel

Papierformat: DIN A4, 60-80 g/qm

1. Wenn Sie gemustertes Papier verwenden, dann liegt die farbige Seite hinten. Tal- und bergfalten Sie im angegebenen Bereich.
   Durch Zusammenführen der Bergfalte zur Mitte des Fliegers entsteht im oberen Teil ein zusammengeschobenes Dreieck.
2. Unsere Konstruktion sieht jetzt so aus.
3. Die beiden äußeren Spitzen der oberen Lage nach oben falten.
4. Erstellen Sie eine Talfalte im mittleren Bereich.
5. Aus der exakt zusammengefalteten Konstruktion nun mit dem Cutter oder der Schere ein Dreieck herausschneiden.
6. Talfalten Sie auf beiden Seiten etwa 3 cm von der unteren bzw. 3 cm von der oberen Kante entfernt im hinteren Bereich. Die Dreiecke auf den Flügeln sollten gut anliegen.
   Die Seitenruder mit Tesafilm gegeneinander fixieren.

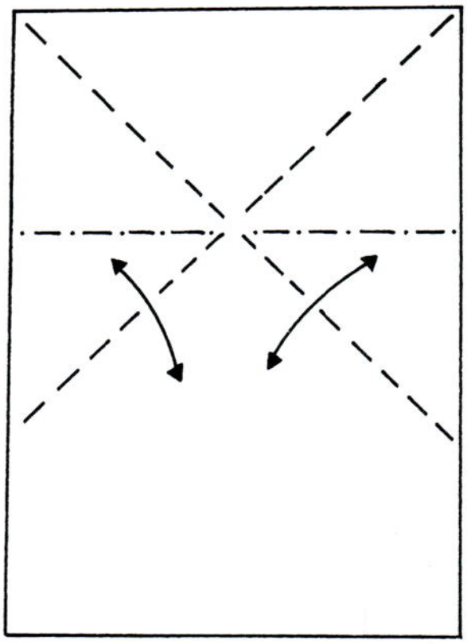
1

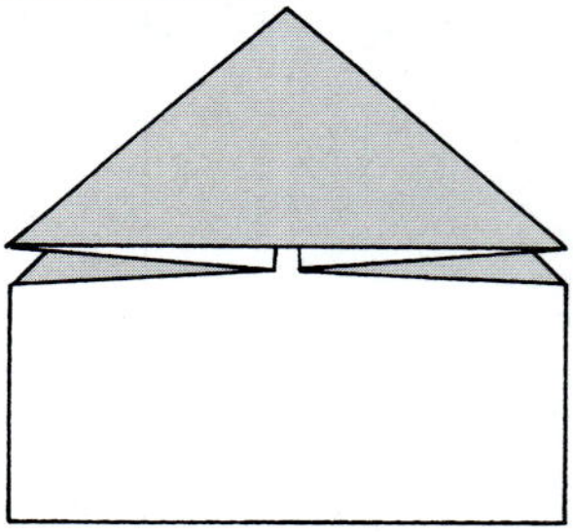
2

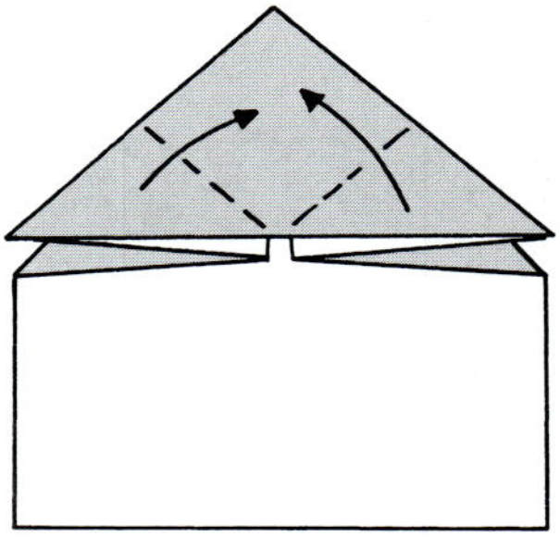
3

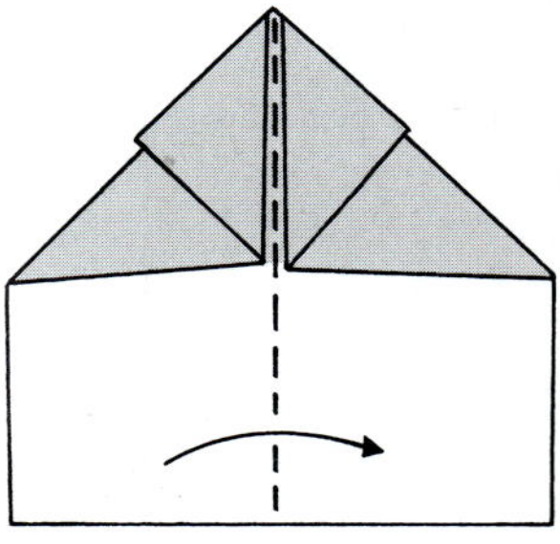
4

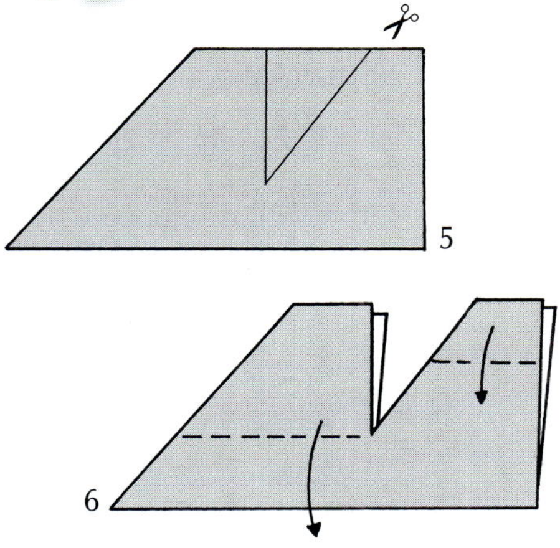

5

6

Wurftechnik:

Flügel und Seitenleitwerk sollten rechtwinklig zum Rumpf stehen. Halten Sie den Flieger beim Abwurf am Rumpf unter dem kleinen oberen Quadrat und schieben Sie ihn sachte in die Luft. Wenn Sie ihn fester werfen, fliegt er bei verstelltem Höhenleitwerk auch gerne Kurven.

F13 Eagle

Papierformat: DIN A4, 60-80 g/qm

1. Bei gemustertem Papier liegt die farbige Seite hinten. Die äußeren Kanten aufeinander talfalten und wieder entfalten.
2. Beide oberen Spitzen an den Mittelbruch falten. Lassen Sie in der Mitte etwas Abstand.
3. Die obere Spitze nun im gekennzeichneten Bereich talfalten.
4. Jetzt die Spitze wie angegeben wieder nach oben talfalten.
5. Am Mittelbruch talfalten. Beide Seiten müssen exakt aufeinander liegen.
6. Nun eine Ei-Form aus dem hinteren Teil der Konstruktion mit Cutter oder Schere ausschneiden. Beide Flügel talfalten. Unser Adler ist fertig.

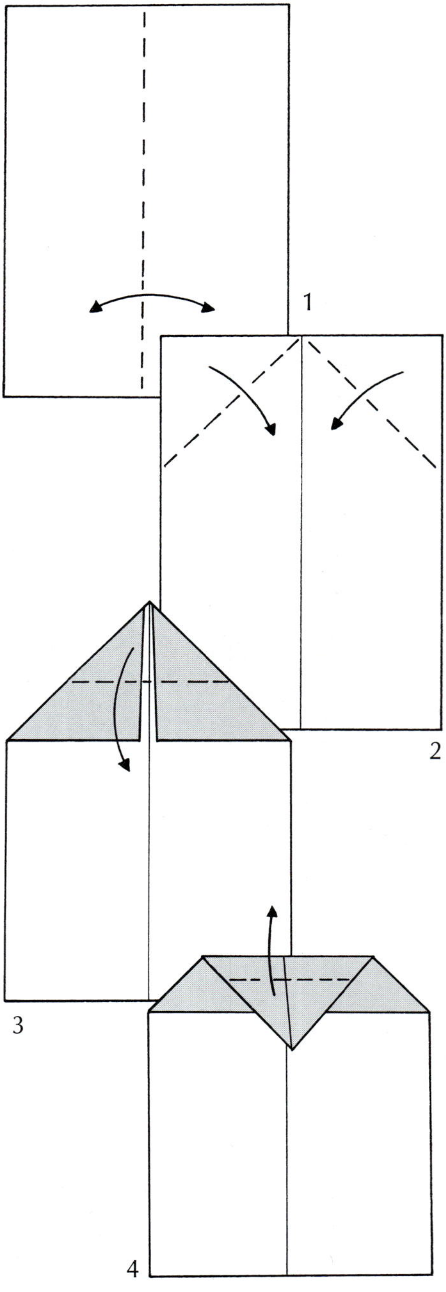

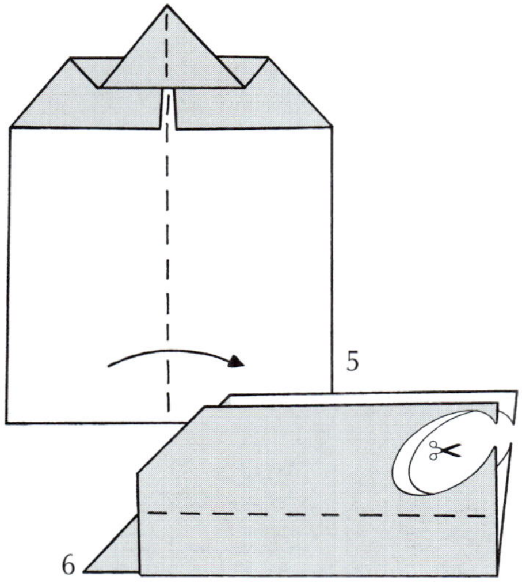

Wurftechnik:

Starten Sie das Flugzeug mit wenig Schwung, geradeaus und waagerecht. Wenn Sie die äußeren Flügelspitzen richtig einstellen, wird Ihr Flieger schöne Loopings drehen.

Versuchen Sie, den Flieger aus einem kleineren DIN-Format zu falten. Er wird dann schneller und dreht noch mehr Kreise.

Cirrus

Papierformat: DIN A4, 60-80 g/qm

1. In der Mitte das Papier talfalten und wieder entfalten. Danach die beiden oberen seitlichen Spitzen zur Mitte falten. Die Kanten dürfen nicht gegeneinander stoßen.
2. Die an der Mitte liegenden Spitzen wieder an die oberen seitlichen Kanten zurückfalten.
3. Jetzt im angegebenen Bereich die obere Spitze talfalten.
4. Aus der oberen Mitte auf beiden Seiten im angegebenen Bereich Talfalten herstellen.
5. Jetzt unsere Konstruktion in der Mitte talfalten. Beide Flügel exakt aufeinander legen.
6. Die angegebene Form mit dem Cutter oder einer Schere ausschneiden.
7. Die Flügel und Seitenruder auf beiden Seiten talfalten.

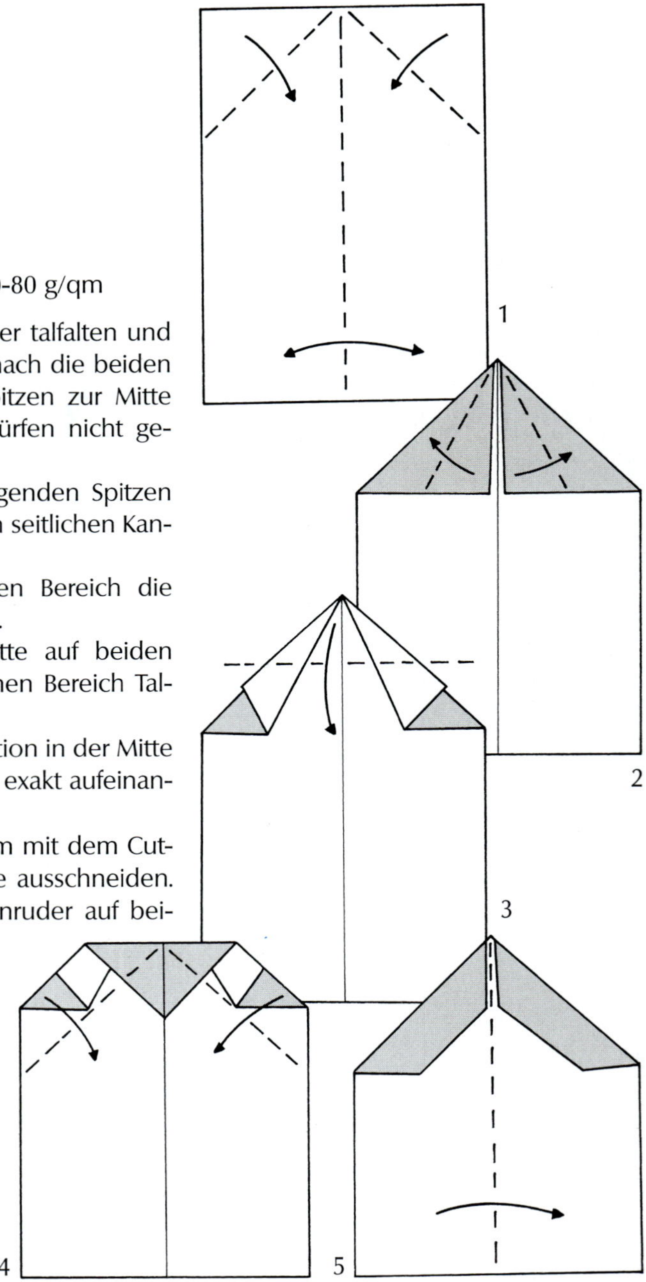

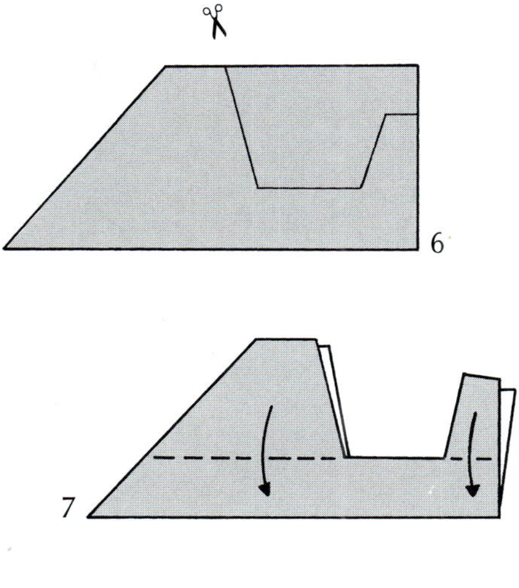

6

7

Wurftechnik:

Achten Sie darauf, dass der Rumpf ganz gerade ist. Die Flügel und Seitenruder sollten einen rechten Winkel zum Rumpf bilden.
Hier haben Sie einen guten Segler für weite Strecken. Bei Bedarf können Sie ihn mit einer Büroklammer an der Spitze beschweren.

Bat Kite

Papierformat: DIN A4, 60-80 g/qm

1. Falten Sie die linke obere Spitze exakt an die gegenüberliegende Kante.
2. Die verbleibende obere Spitze zur linken Ecke des (imaginären) Dreiecks talfalten.
3. Obere Spitze nach hinten bergfalten und die Konstruktion wenden.
4. Diese Spitze nun wieder im angegebenen Bereich nach oben talfalten.
5. Jetzt beide Flügel aufeinander talfalten.
6. Zunächst das angegebene Dreieck mit dem Cutter oder einer Schere ausschneiden. Danach die Talfalte im unteren gesamten Bereich auf beiden Seiten herstellen. Jetzt die beiden Dreiecke nach oben bergfalten. Die gefalteten Ecken sollten im 90°-Winkel nach oben stehen.

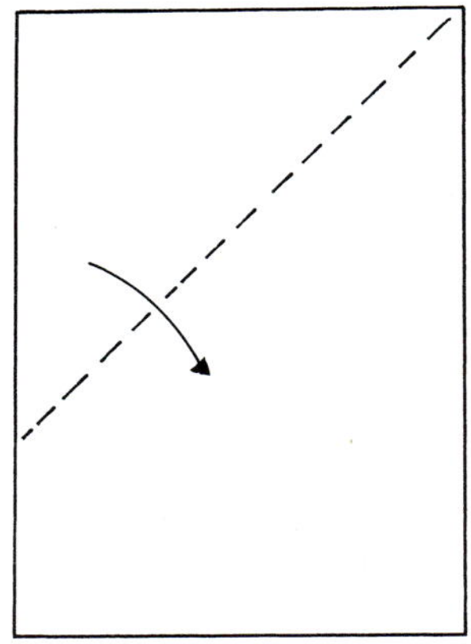

1

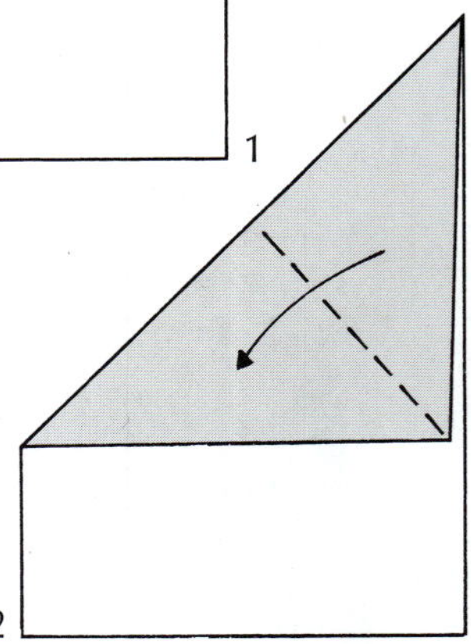

2

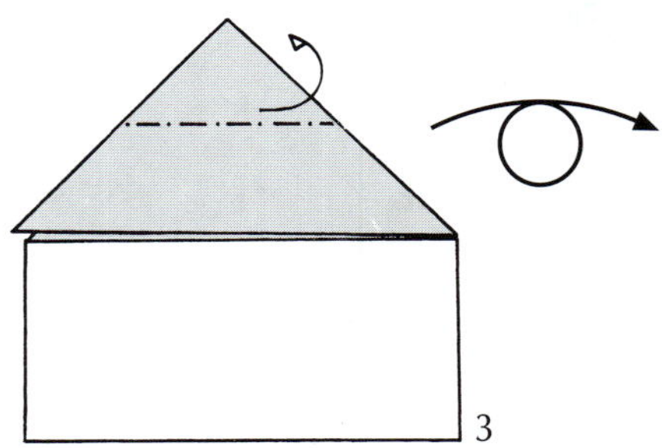

3

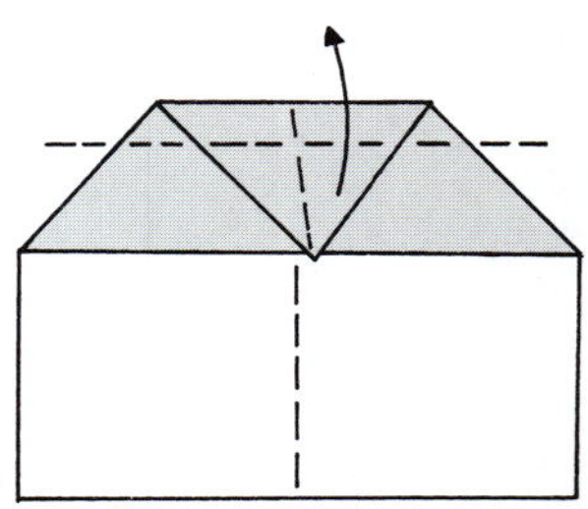

4

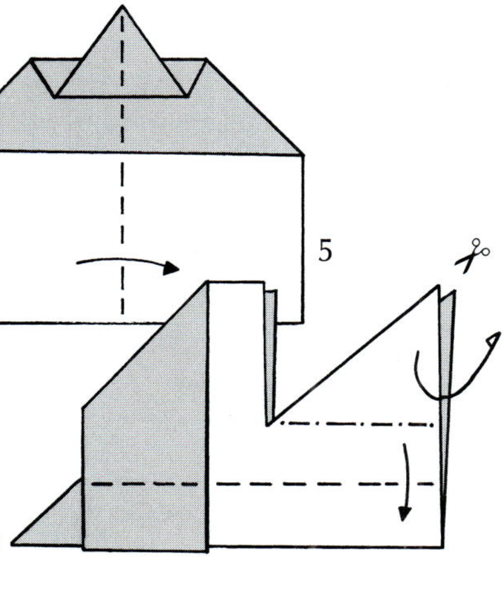

5

6

Wurftechnik:

Den doppelt liegenden Flügel mit einem Stück Tesafilm fixieren. Nun den Flieger exakt im 90°-Winkel ausrichten. Je nachdem wie man die nach oben stehenden Seitenruder verändert, fliegt die Konstruktion größere oder kleinere Kurven.
Werfen Sie den Flieger mit wenig Schwung, ist er ein guter Segler.

Manta Ray

Papierformat: DIN A4, 60-80 g/qm

1. Stellen Sie ein Quadrat her und falten Sie eine diagonale Talfalte.
2. Falten Sie erneut eine Talfalte im angegebenen Bereich.
3. Spitze außen auf Spitze außen falten.
4. Eine Talfalte im gekennzeichneten Bereich herstellen und auf der Gegenseite wiederholen.
5. Die Flügel so talfalten, dass die Faltkante leicht nach hinten abfällt.
   Die Flügel waagerecht zum Rumpf stellen.

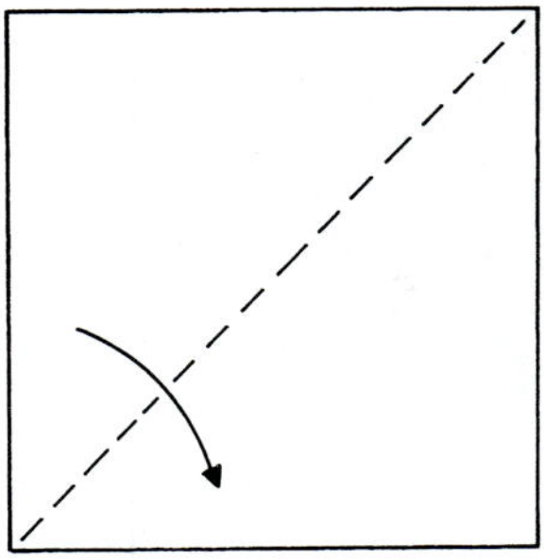

1

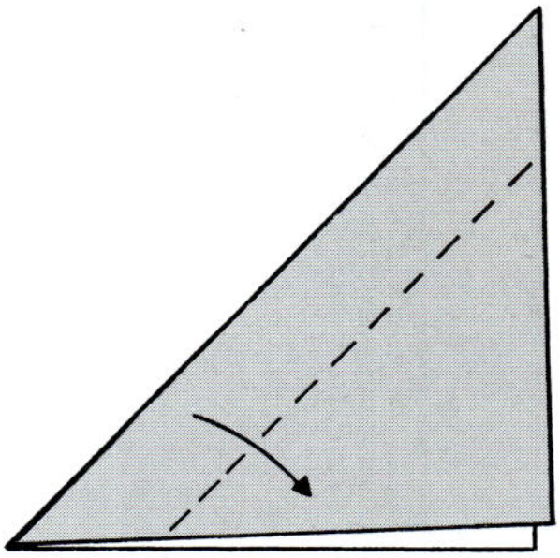

2

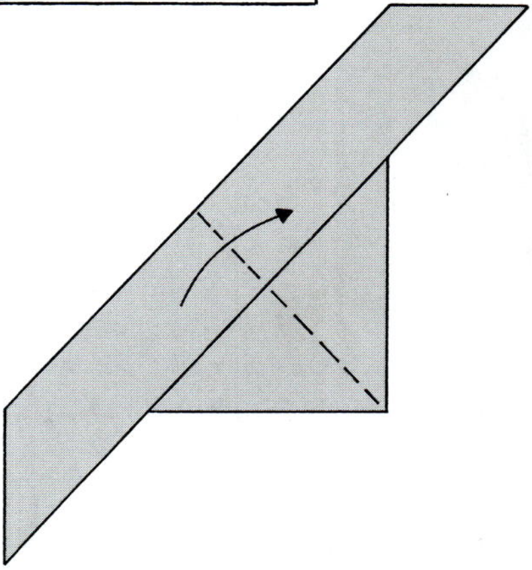

3

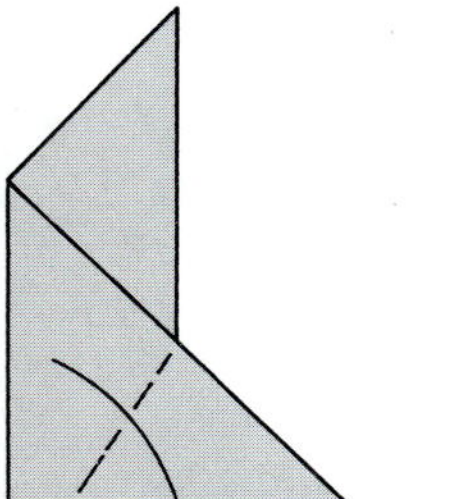

4

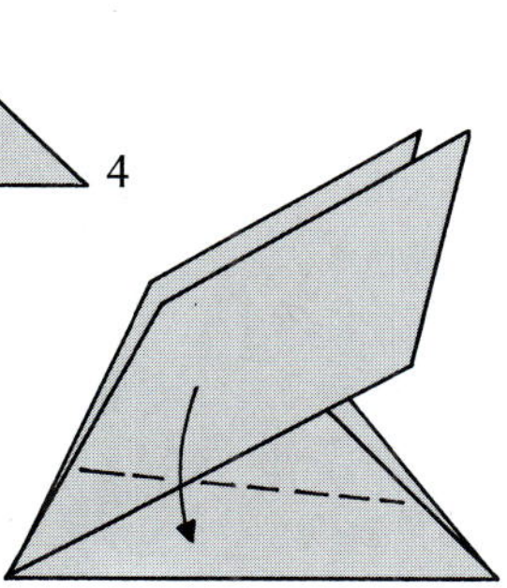

5

Wurftechnik:

Wird der Flieger beim Abwurf leicht schräg gehalten, dreht er schöne Loopings.
Wenn Sie die Flügel leicht nach oben stellen, wird er schöne Kurven fliegen.

Gremlin Looper

Papierformat: DIN A4, 60-80 g/qm

1. Zweimal diagonal talfalten und wieder entfalten. In der Mitte nun eine Bergfalte falten. Die Bergfalten so zur Mitte führen, dass zwei zusammengeschobene Dreiecke entstehen.
   Die Dreiecke flach aufeinander legen.
2. Unsere Konstruktion sieht jetzt so aus. Beide seitlichen Spitzen der oberen Lage zur Mitte falten. Denken Sie an den kleinen Abstand.
3. Zuerst die Bergfalte nach hinten falten, dann auf der Rückseite das entstandene kleine Dreieck in der Mitte nach oben talfalten.
4. Auf der Vorderseite sieht unsere Konstruktion nun so aus. Jetzt in der Mitte talfalten. Exakt Flügel auf Flügel!
5. Talfalten auf beiden Seiten herstellen, die zum Rumpfende hin leicht ansteigen.

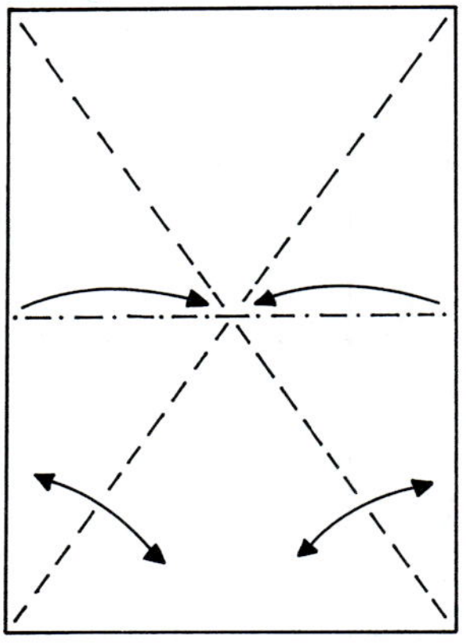
1

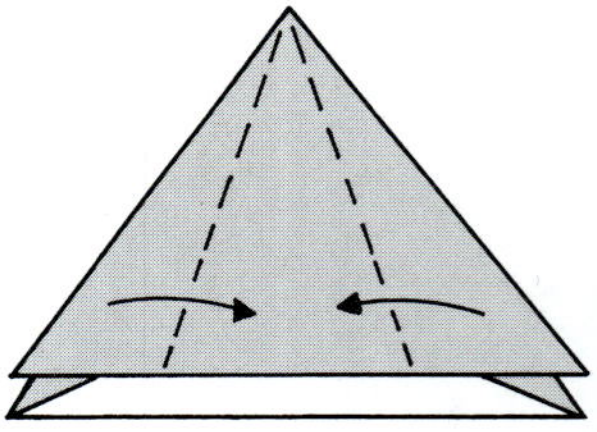
2

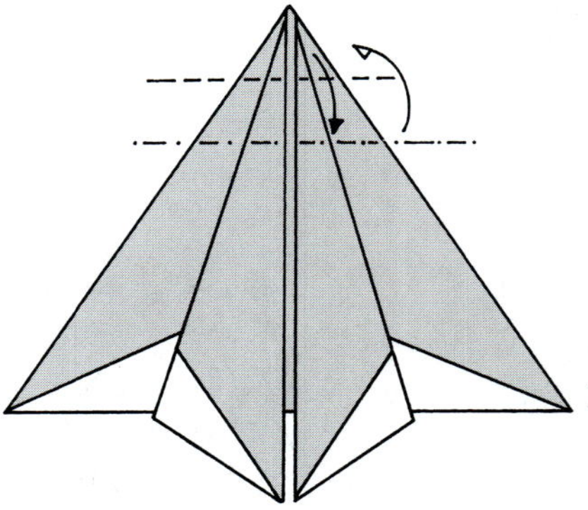
3

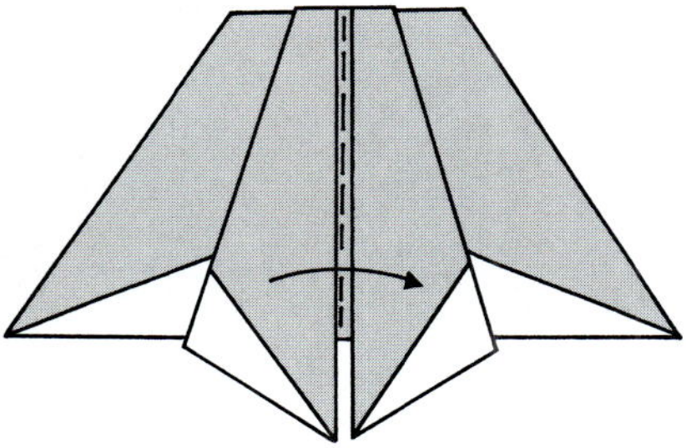

4

5

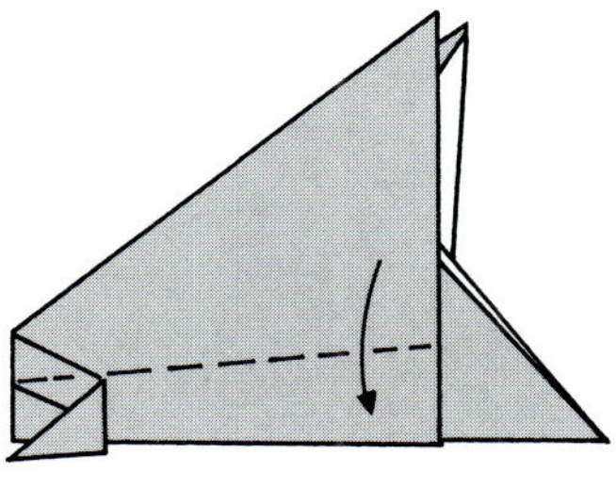

Wurftechnik:

Die oberen und die unteren Flügel müssen im rechten Winkel zum Rumpf stehen. Die unteren großen Flügel können leicht gebogen werden. Das stabilisiert die Flugbahn.

Experimentieren Sie mit diesem Flieger. Er eignet sich sowohl für Loopings als auch für den Geradeausflug.

Rainbow

Papierformat: DIN A4, 60-80 g/qm

1. Linke untere Spitze an die gegenüberliegende Kante falten.
2. Mit dem Cutter oder einer Schere entlang der gefalteten Kante schneiden.
3. Nun im angegebenen Bereich talfalten. Die Kante wird sozusagen aufgerollt.
4. Die äußeren Enden ineinander stecken. Vorher die aufgerollte Kante über eine Tischkante ziehen.
   Dadurch entsteht eine bessere Rundung.

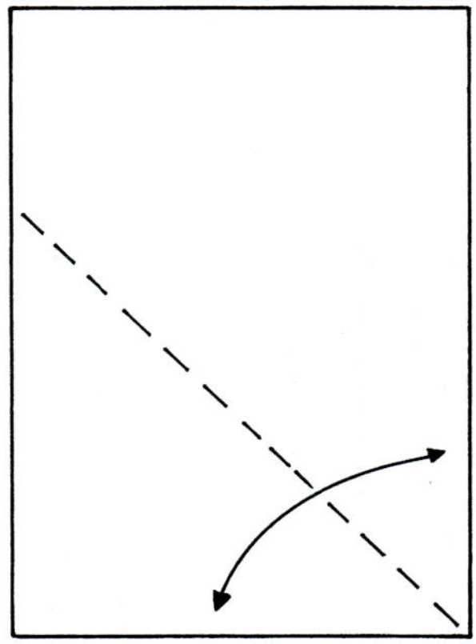

1

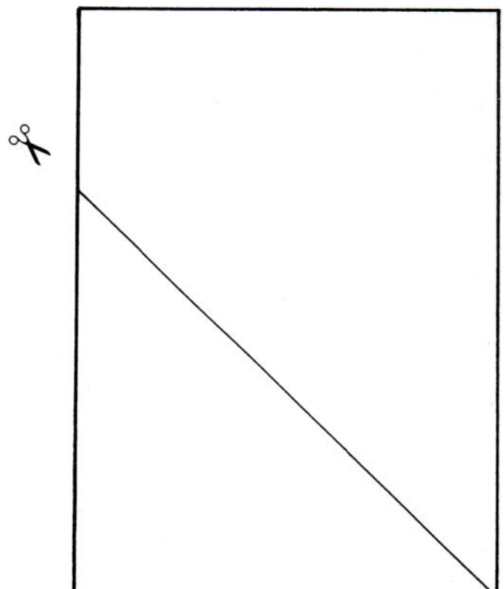

2

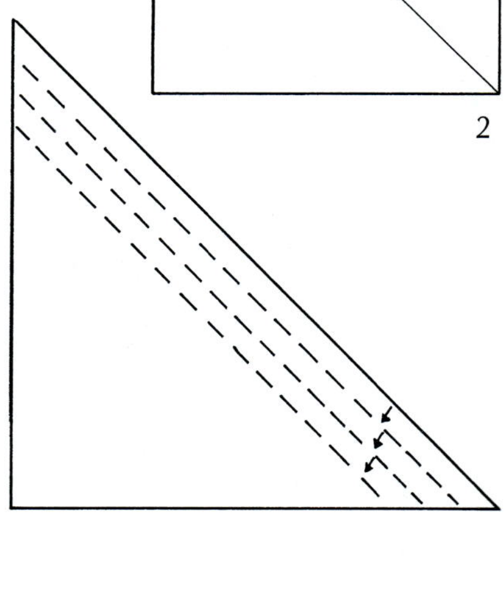

3

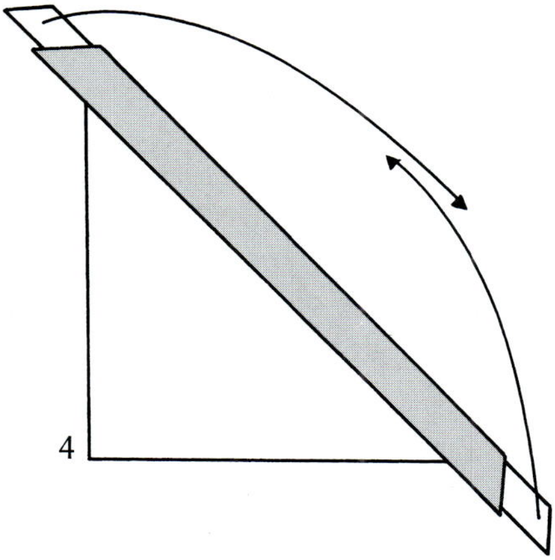

Wurftechnik:

Überprüfen Sie mit Daumen und Zeigefinger, ob die Röhre auch wirklich rund ist. Halten Sie die Konstruktion am Dreieck fest; der aufgerollte Ring zeigt nach vorne. Treiben Sie das Modell sachte, aber bestimmt in seine Flugbahn. Wenn Sie diese Technik erst einmal beherrschen, werden Sie mit dem Rainbow viel Spaß haben.

Delta Wing

Papierformat: DIN A4, 60-80 g/qm

1. Schneiden Sie das Papier in zwei Teile. Die eine Hälfte wieder in der Mitte talfalten und entfalten.
2. Nun die linke Kante zur Mitte falten.
3. Diese umgefaltete Fläche wieder durch eine Talfalte halbieren.
4. Jetzt die untere Kante an die obere Kante talfalten und wieder entfalten. Die Flügelenden über die Tischkante ziehen bis zum Mittelbruch. Noch einmal talfalten und die Flügel in gleichmäßiger Wölbung nach außen biegen.

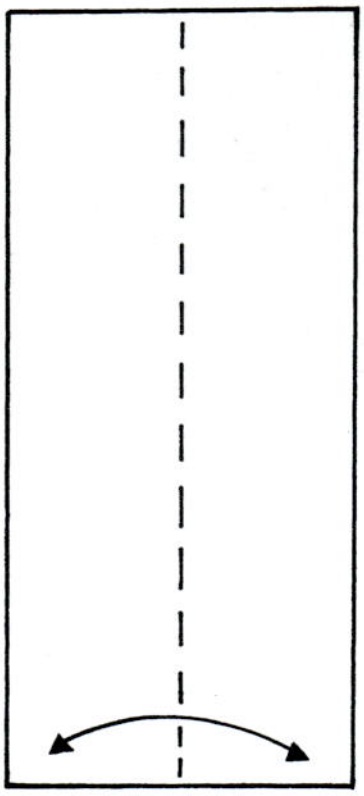

1

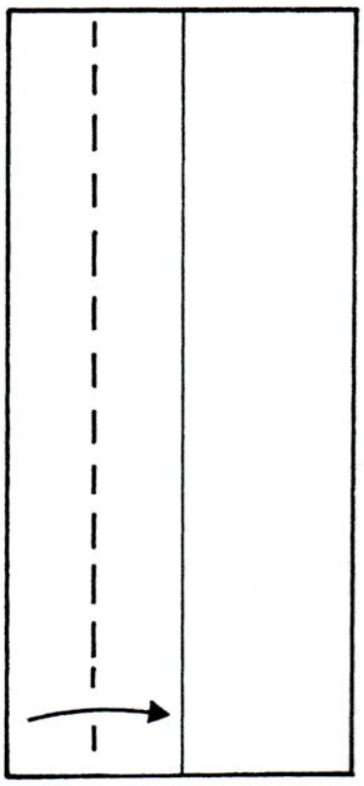

2

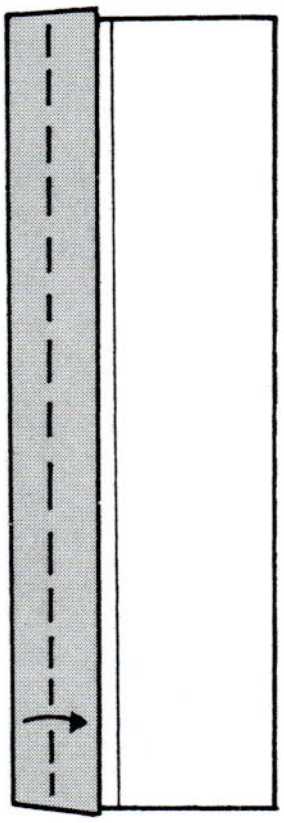

3

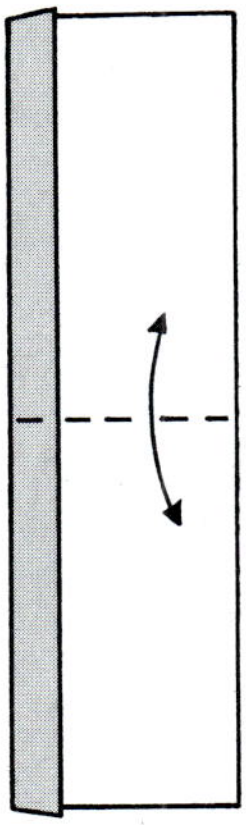

4

Wurftechnik:

Die gleichmäßig gebogene Flügelform zwischen die Finger nehmen. Der aufgerollte Teil ist dabei vorne. Leicht in die Luft setzen. Die Konstruktion fliegt erstaunlich gut. Biegen Sie den Flieger nicht zu häufig auf, sonst lässt die Spannung in der vorderen Mitte nach. Falls Sie mit dem Ergebnis nicht zufrieden sind, haben Sie die Möglichkeit, den Flieger mit der anderen Hälfte des Papierbogens noch einmal zu falten.

Interceptor

Papierformat: DIN A4, 60-80 g/qm

1. Einen Papierstreifen mit einer Länge von 16 cm und einer Höhe von 2 cm zuschneiden.
2. Einen zweiten Streifen mit einer Länge von 14 cm und einer Höhe von 1,5 cm herstellen.
3. Zudem benötigen Sie einen Trinkhalm oder einen aufgewickelten Papierstreifen mit einer Breite von 1,5 cm und einer Länge von 20 cm.
4. Die Papierstreifen außen mit Tesafilm fixieren.
5. Nun das Röhrchen in den Innenraum der beiden Ringe stecken und innen wiederum mit Tesafilm fixieren.
   Je exakter Sie arbeiten, umso besser wird das Flugergebnis.

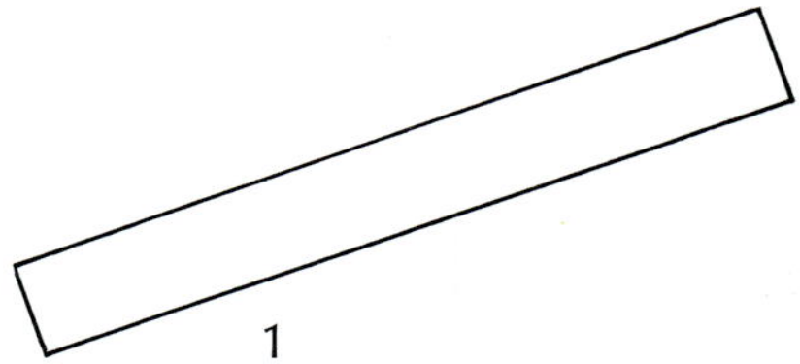

1

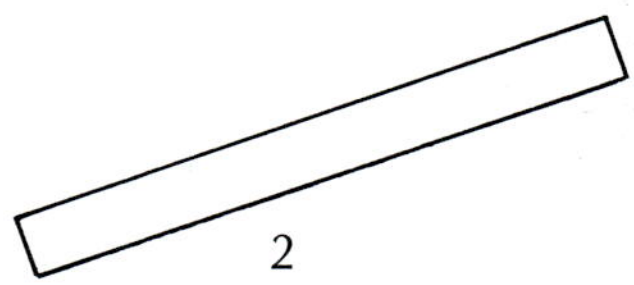

2

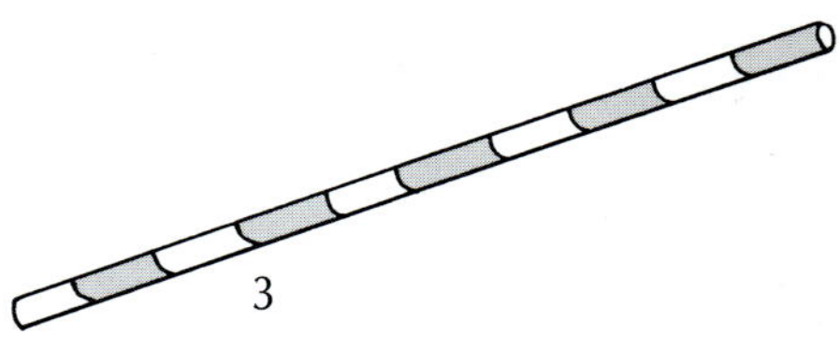

3

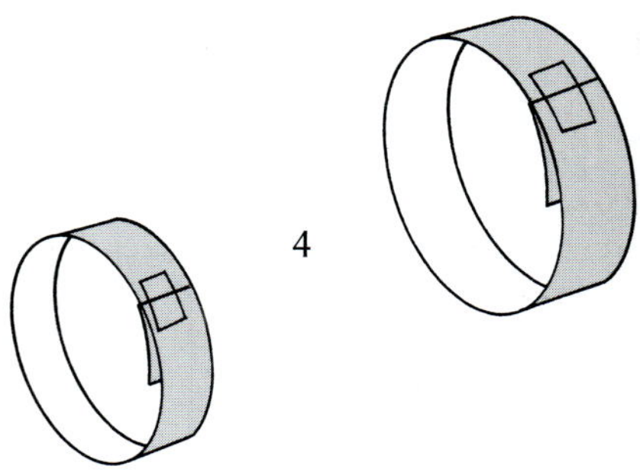

4

Wurftechnik:

Der größere Ring ist beim Start hinten. Greifen Sie mit Daumen und Zeigefinger in diesen hinein. Die beiden Ringe müssen absolut rund sein und gerade hintereinander liegen. Nun ein zarter Schub aus großer Höhe und die Konstruktion bleibt lange in der Luft.

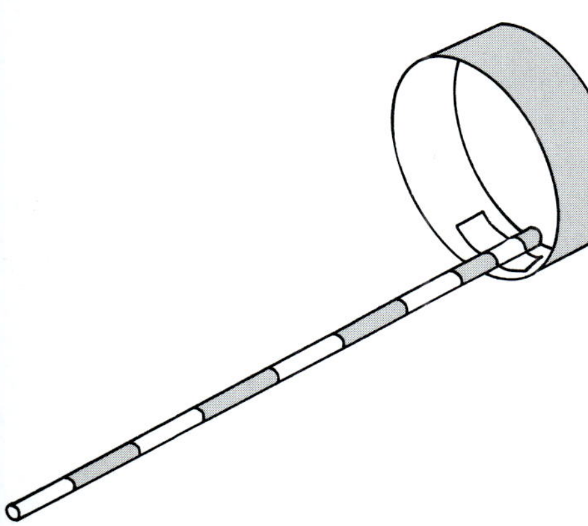

5

Sail Wing

Papierformat: DIN A4, 60-80 g/qm

1. Schneiden Sie einen Streifen Papier in beliebiger Länge und Breite zu.
2. Kurz vor den Enden einmal von oben, einmal von unten bis zur Hälfte einschneiden.
3. Nun die beiden Einschnitte ineinander stecken, sodass eine Form entsteht, die an einen Fisch erinnert. Unsere Konstruktion ist fertig.

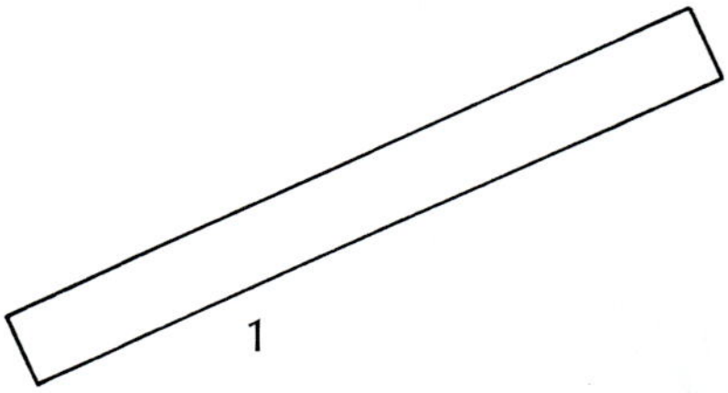

1

2

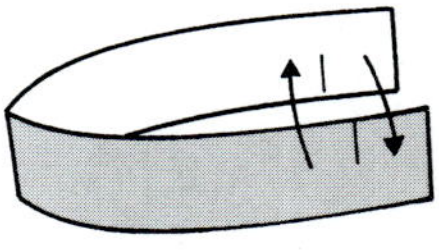

3

Wurftechnik:

Hochhalten und einfach fallen lassen. Nach einer kurzen Fallstrecke beginnt dieses spaßige Spielzeug, sich sehr schnell um seine eigene Achse zu drehen.
Stellen Sie viele Sail Wings in verschiedenen Farben und Größen her. Aus größerer Höhe fallen gelassen, ergeben sie ein sehr schönes Bild.

Circular

Papierformat: DIN A4, 90-100 g/qm

1. Übertragen Sie die Konturen dieses Helikopters auf festes Papier und schneiden Sie sie aus. Den unteren Teil mit dem Cutter oder einer Schere einschneiden.
2. Zweimal im oberen Teil bergfalten.
3. Die beiden oberen Ecken zur Mitte hin talfalten. Jeweils einen unteren Teil nach vorne und nach hinten falten. Unser Helikopter ist flugbereit.

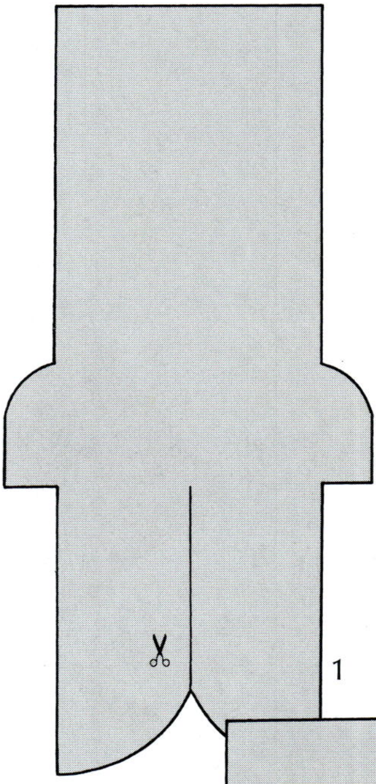

1

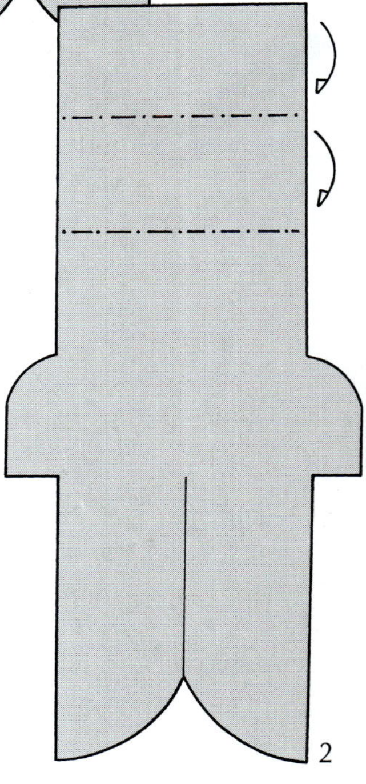

2

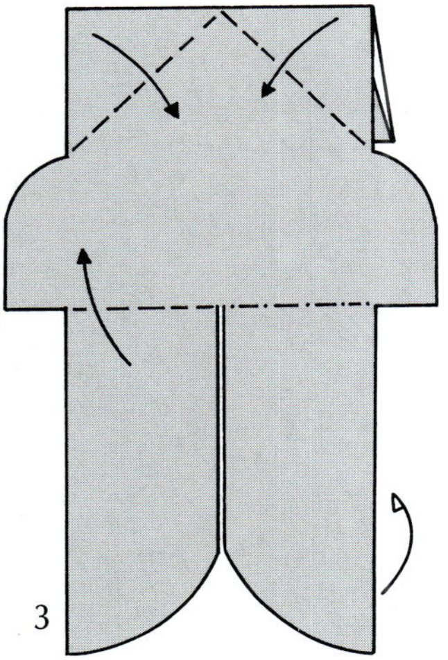

Wurftechnik:

Von weit oben fallen gelassen, beginnt er sich nach einem Stück freien Fall um seine eigene Achse zu drehen. Durch Verstellen der Rotorblätter kann man die Drehgeschwindigkeit regulieren.
Viele Circulars, in verschiedenen Farben und Größen abgeworfen, ergeben ein sehr schönes Bild. Versuchen Sie doch einmal, den Circular und den Sail Wing miteinander fliegen zu lassen. Die vertikalen und horizontalen Drehbewegungen werden Sie begeistern.

Die Deutsche Bibliothek – CIP-Einheitsaufnahme
Ein Titeldatensatz für diese Publikation ist bei Der Deutschen Bibliothek erhältlich.
ISBN 3-332-01000-X

www.dornier-verlage.de
www.urania-ravensburger.de

4. Auflage März 2002

Der Urania Verlag ist ein Unternehmen der Verlagsgruppe Dornier.

Umschlaggestaltung: Behrend und Buchholz, Hamburg
Fotos: Jürgen Schwope, München
Zeichnungen: Jan Spütz, München
Texte: Carmen Ick-Dietl, München
Lektorat: Ulrike Baak und Eva Hauck
Innengestaltung: R. J. Fischer, Berlin
Satz: City Repro, Berlin
Druck: Grafisches Centrum Cuno, Calbe

Gedruckt auf alterungsbeständigem Papier mit chlorfrei gebleichtem Zellstoff.

Die Schreibweise entspricht den Regeln der neuen Rechtschreibung.